新中国第一

## 伟大历程　辉煌成就

# 新中国150个第一

庆祝中华人民共和国成立 70 周年
大型成就展领导小组办公室

扫码观看网上展馆

# 前　言

70年来，中国人民发愤图强、艰苦创业，经历了从无到有、由弱到强的历史跨越，创造了“当惊世界殊”的发展成就。在70年的奋斗历程中，经济社会发展各个领域诞生了一个又一个具有开创性的重大成就，创造了许多值得铭记的“第一”。可以说，新中国的历史就是由无数个“第一”积累而来的创业史。

庆祝中华人民共和国成立70周年大型成就展选取了基础设施建设、产业发展、科技创新等方面150个具有“第一”性质的重大成就，作为时光隧道中熠熠生辉的“高光时刻”进行突出展示。从新中国成立初期的第一座无缝钢管厂建成、第一条铁路通车、第一颗原子弹爆炸成功，到改革开放时期的北京正负电子对撞机对撞成功、“高峡出平湖”的三峡工程开工建设、中国航天员实现首次太空行走，特别是新时代以来“华龙一号”全球首堆开工建设、世界首个预防手足口病疫苗获批生产上市、世界最大单口径射电望远镜落成启用、世界最薄触控玻璃量产……这些“第一”，清晰记录了新中国砥砺前行的坚定步伐，彰显了中华民族不甘落后、开拓奋进的精神力量，映照出中国共产党为中国人民谋幸福、为中华民族谋复兴的初心使命。

惟其艰难，才更显勇毅；惟其笃行，才弥足珍贵。站在新的历史起点上，中国制造、中国创造、中国建造正在共同发力，用更多的“第一”绘制出中华民族伟大复兴的光辉图景。

# 目　　录

新中国第一

# 第一座大型水库

## 1951年10月
## 官厅水库开工建设

官厅水库于1951年10月动工，1954年5月竣工，是新中国成立后建设的第一座大型水库。水库设计总库容41.6亿立方米，发挥了巨大的防洪、供水、发电等综合效益。

庆祝官厅水库竣工锦旗。

官厅水库输水道进口开挖。

毛泽东视察官厅水库。

新中国第一

# 第一个大型水利工程

## 1952年6月
## 荆江分洪工程完工

新中国成立伊始，党中央高度重视水利工程建设，毛泽东指出“一定要把淮河修好”。自此，全国掀起了水利建设的高潮。1952年6月，荆江分洪工程完工。这是新中国第一个大型水利工程，为确保荆江大堤和两岸人民的安全发挥了巨大作用。

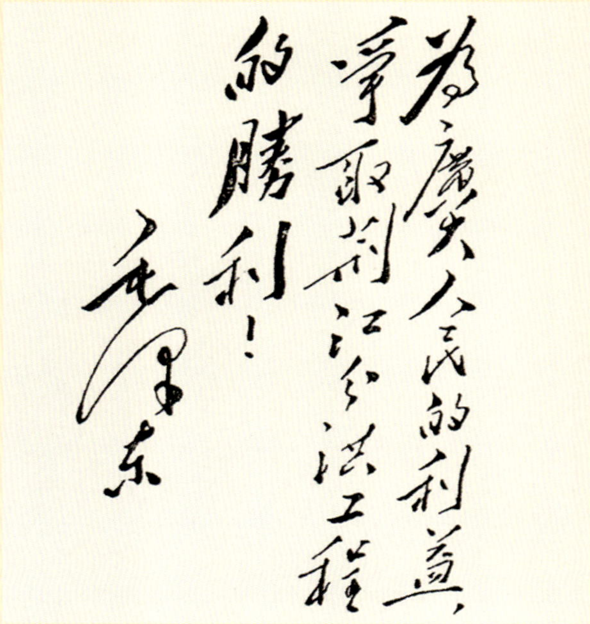


毛泽东为荆江分洪工程题词。

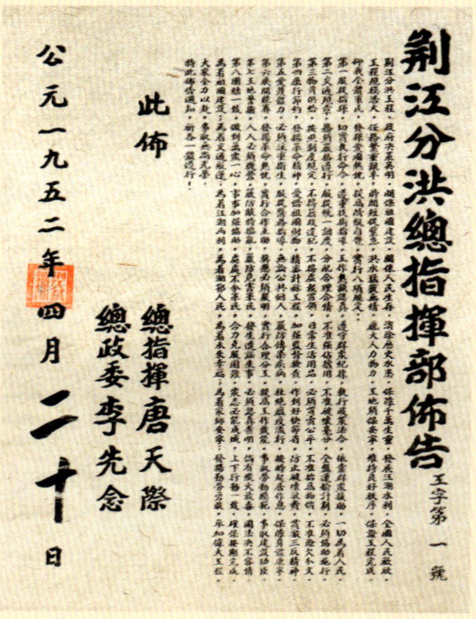
荆江分洪總指揮部佈告
工字第一號

此佈

總指揮 唐天際
總政委 李先念

公元一九五二年四月二十日

1952年4月20日，荆江分洪总指挥部布告。

1952年，军民奋战在荆江分洪工程建设工地。

1952年7月，荆江分洪工程南闸放水典礼。

放 水 典 禮 一九五二年七月一日

新中国第一

# 第一座无缝钢管厂

## 1952年7月
## 鞍山钢铁公司动工建设

1952年5月，中共中央作出《集中全国力量 首先建设鞍钢》的决定。7月，鞍山钢铁公司动工建设了中国第一座无缝钢管厂。1953年底，大型轧钢厂、无缝钢管厂、七号炼铁炉开工生产，这些都是新中国重工业建设中首批竣工投入生产的重要工程。

参加鞍钢建设的建设者们。

鞍钢工人在工作。

約競賽·
完成風動

1

新中国第一

# 第一条铁路

## 1952年7月
## 成渝铁路建成通车

1952年7月，成渝铁路（成都—重庆）建成通车，线路全长504公里，这是新中国成立后建成的第一条铁路。

由成都驶往重庆的第一列火车出站。

沿途车站庆祝成渝铁路建成通车。

川西人民行政公署

# 第一台蒸汽机车

## 1952年7月
## “八一号”下线投用

1952年7月，新中国制造的第一台蒸汽机车——“八一号”下线投用，结束了中国不能制造火车机车的历史。

四方铁路工厂制造的“八一号”蒸汽机车。

2102

新中国第一

# 第一炉不锈钢

## 1952年9月
## 太原钢铁厂成功冶炼出不锈钢

1952年9月，太原钢铁厂成功冶炼出新中国第一炉不锈钢，并制成不锈钢宝塔送往北京，向党中央报喜。

不锈钢宝塔。

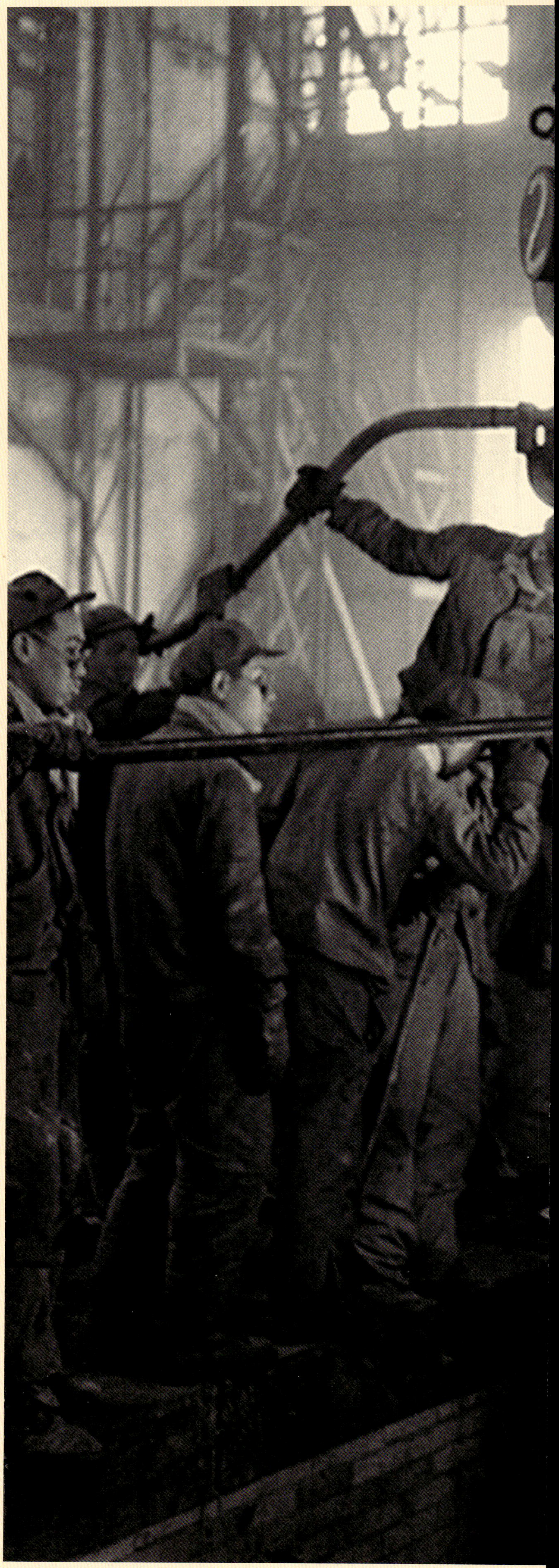

太钢工人正在冶炼不锈钢。

新中国第一

# 第一代汽油机

## 1953年11月
## 1101型4马力汽油机研制成功

1953年11月，柳州机械厂1101型4马力汽油机研制成功。这是中国第一代汽油机，填补了国内汽油机生产空白。

第一代汽油机。

新中国第一

# 第一架自制飞机

## 1954年7月
## 初教-5首飞成功

1954年7月，新中国制造的第一架飞机初教-5在南昌首飞成功，标志着中国航空工业由修理转向制造。

初教-5飞机。

新中国第一

# 第一座现代化纺织机械制造厂

## 1954年8月
## 经纬纺织机械厂建成投产

1954年8月，新中国第一座现代化纺织机械制造厂——经纬纺织机械厂在山西榆次建成投产。

经纬纺织机械厂建成投产剪彩仪式。

新中国第一

# 第一次成功分离沙眼衣原体

## 1955年8月
## 中国科学家在世界上首次成功分离沙眼衣原体

1955年8月，中国生物制品研究所所长汤飞凡教授与北京同仁医院眼科主任张晓楼等人协作，在世界上首次以鸡胚实验成功分离沙眼衣原体。

1992年11月20日发行的纪念邮票。

汤飞凡工作照。

新中国第一

# 第一口探井喷出石油

## 1955年10月
## 发现克拉玛依油田

1955年10月，新疆准噶尔盆地西北缘黑油山地区第一口探井喷出石油，从而发现克拉玛依油田。

石油工人欢庆克拉玛依油田第一口探井出油。

新中国第一

# 第一个自行设计建造的现代化港口

## 1956年5月
## 湛江港正式开港

1956年5月，湛江港建成第一个万吨级泊位，并正式开港，成为新中国成立后第一个自行设计建造的现代化港口。

湛江港开港。

新中国第一

# 第一批国产汽车

## 1956年7月
## 解放牌载重汽车下线

1956年7月，解放牌CA10型载重汽车驶下生产线，这是中国第一批国产汽车，结束了中国不能批量制造汽车的历史。截至2018年底，“解放”系列汽车共生产702.8万辆。

解放牌CA10型载重汽车。

解放牌 CA10 型载重汽车在长春第一汽车制造厂驶下生产线。

新中国第一

# 第一架国产喷气式歼击机

## 1956年7月
## 歼-5飞机试飞成功

1956年7月，新中国第一架喷气式歼击机——歼-5飞机试飞成功，标志着中国成为当时少数几个能够制造喷气式飞机的国家之一。

国营112厂试制的第一架国产喷气式歼击机——歼-5飞机在沈阳试飞成功。

新中国第一

# 第一座现代化电子管厂

## 1956年10月
## 北京电子管厂建成投产

1956年10月，北京电子管厂建成投产，这是中国第一座现代化的电子元器件厂，改变了中国电子管和电灯泡钨丝等依赖进口的局面。

北京电子管厂车间一角。

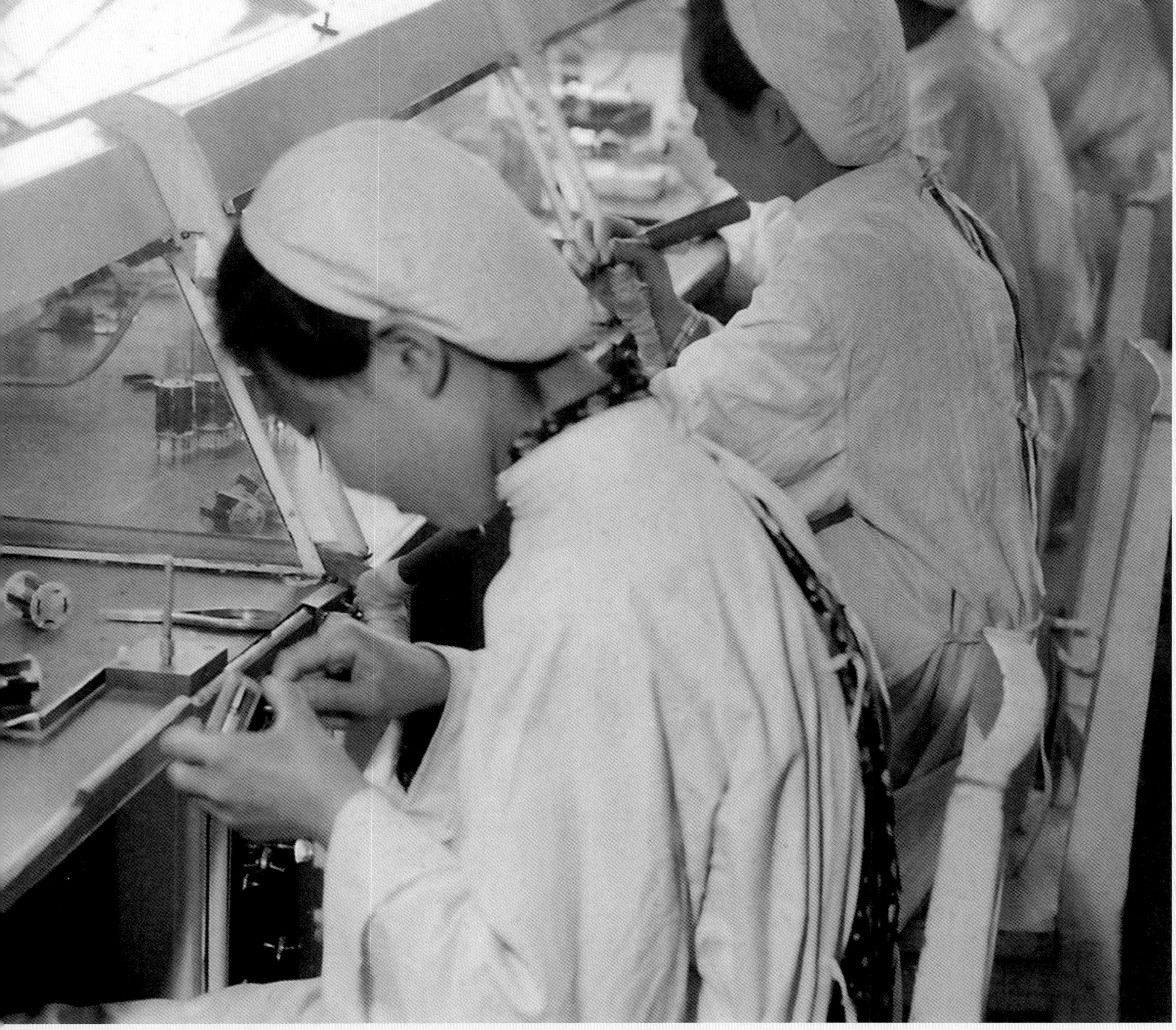

# 第一家大型轻合金加工厂

## 1956年11月
## 东北轻合金加工厂建成投产

1956年11月，东北轻合金加工厂建成投产，这是中国第一家大型轻合金加工厂，其产品广泛应用于航空、航天、能源、交通等领域，标志着新中国铝加工业从此起步发展。

新中国第一根圆柱铝锭生产成功。

新中国第一张铝板生产成功。

# 第一座大型水电站

## 1957年4月
## 新安江水电站正式动工

1957年4月，中国自行设计、自制设备、自己建设的第一座大型水电站——浙江新安江水电站主体工程正式动工。1960年4月第一台机组发电，库容216亿立方米，总装机容量66万千瓦。

1958年2月，新安江水电站大坝浇捣典礼现场。

新中国第一

# 第一个天然石油基地

## 1957年10月
## 玉门油田建成

1957年10月，第一个天然石油基地在玉门建成。1959年，玉门油田原油产量占全国的51%，撑起了新中国石油工业的半壁江山。玉门油田作为中国石油工业的摇篮，积累了大量油田自主开发经验和技术，培养了一大批优秀人才。

玉门油田开采现场。

新中国第一

# 第一座长江大桥

## 1957年10月
## 武汉长江大桥建成通车

1957年10月，武汉长江大桥建成通车，这是新中国成立后在长江上修建的第一座公路铁路两用桥，被称为“万里长江第一桥”。

武汉长江大桥通车典礼。

祝武汉長江大桥落成通车！

# 第一个民用机场

## 1958年3月
## 首都机场建成使用

1958年3月，首都机场建成投入使用。1988年3月，“首都机场”正式更名为“北京首都国际机场”。

1958年建成使用的首都机场航站楼。

新中国第一

# 第一台国产电视机

## 1958年3月
## 北京牌电视机研制成功

1958年3月，中国第一台黑白电视机——北京牌电视机研制成功，被誉为“华夏第一屏”，标志着中国从此掌握了电视机制造技术。1970年12月，中国第一台彩色电视机研制成功。

北京牌黑白电视机。

1975年，工人在装配电视机。

新中国第一

# 第一个导弹训练试验基地

## 1958年3月
## 甘肃某地导弹训练试验基地成立

1958年3月，中国人民解放军在甘肃某地成立第一个导弹训练试验基地。

“东风一号”导弹。

工程建设者们在大漠戈壁上建设试验场。

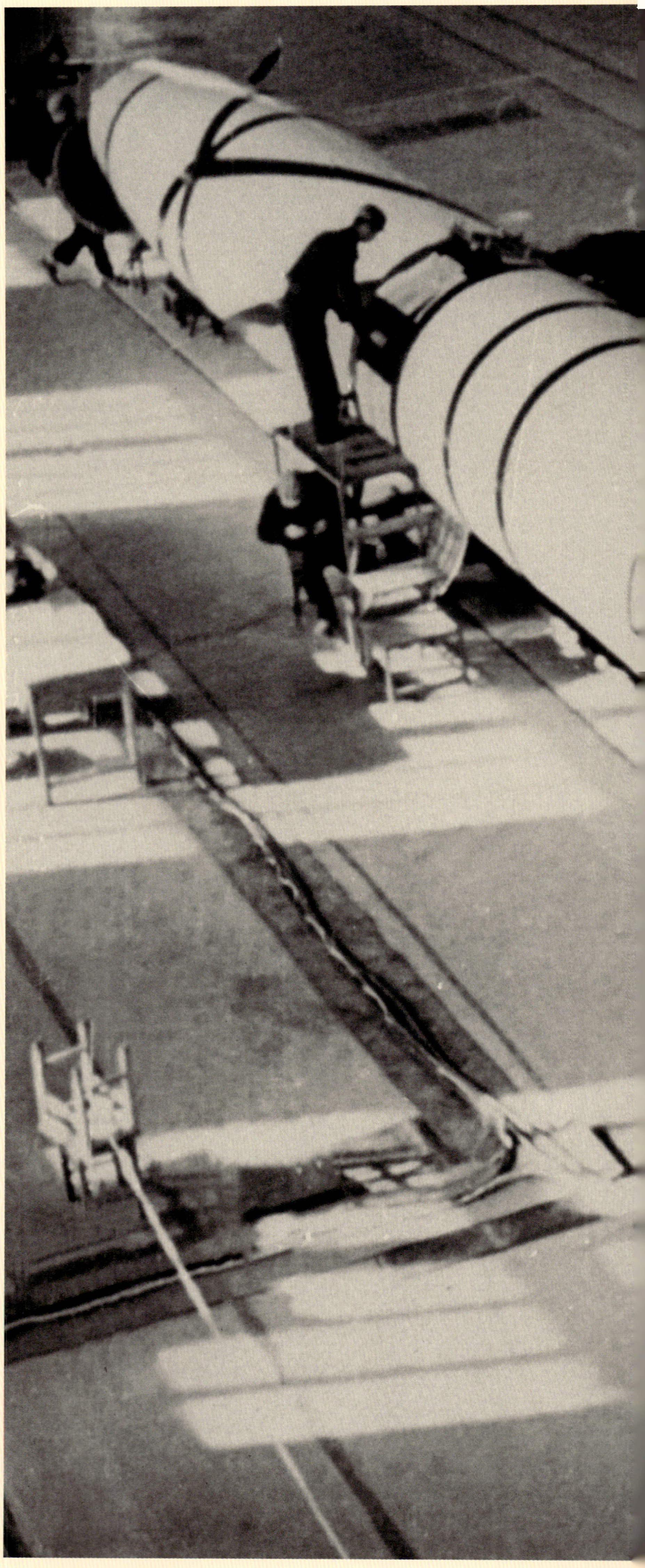

“东风二号”导弹运抵发射基地。

# 第一家硬质合金厂

## 1958年4月
## 株洲硬质合金厂建成投产

1958年4月，中国第一家硬质合金厂——株洲硬质合金厂建成投产，结束了中国仅能生产钨砂的落后局面，标志着中国从钨资源大国迈向硬质合金大国。

株洲硬质合金厂开工仪式。

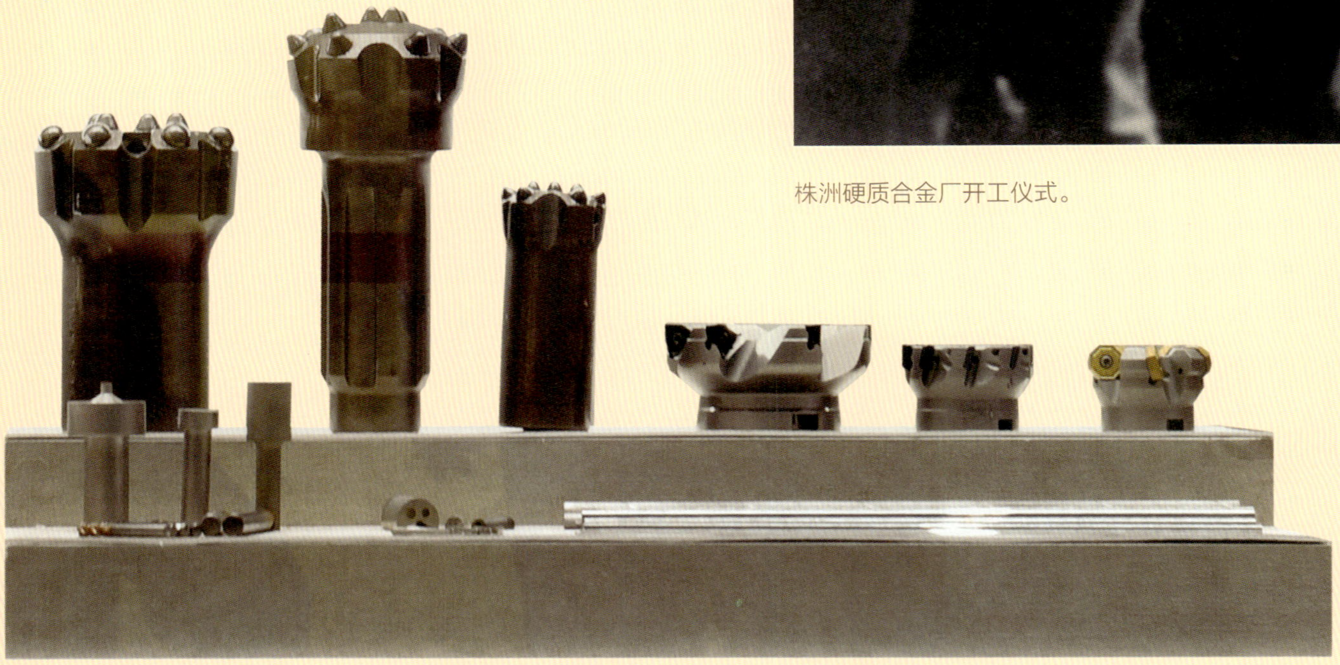

株洲硬质合金厂生产的产品。

# 第一座电视台

1958年5月
北京电视台实验播出

录制节目现场。

1958年5月，新中国第一座电视台——北京电视台开始实验播出。1978年5月，“北京电视台”正式改称“中央电视台”。

新中国第一

# 第一辆国产轿车

1958年5月、8月
东风牌、红旗牌轿车研制成功

1958年5月，毛泽东在中南海观看长春第一汽车制造厂试制的第一辆国产轿车（东风牌）。

1958年5月，中国第一辆轿车（东风牌）试制成功。同年8月，中国第一辆红旗牌高级轿车研制成功。

1958年8月，第一辆红旗牌高级轿车在长春第一汽车制造厂研制成功。

东风牌轿车（左）和红旗牌轿车（右）。

新中国第一

# 第一座高温高压热电厂

## 1958年7月
## 哈尔滨热电厂动工建设

1958年7月，中国自行设计、自制设备、自行施工的哈尔滨热电厂破土动工。工程分四期建设，1976年12月全部竣工，总装机容量30万千瓦，是中国第一座高温高压热电厂。

哈尔滨热电厂一期工程建设现场。

新中国第一

# 第一台拖拉机

## 1958年7月
## “东方红”拖拉机生产成功

1958年7月，第一台“东方红”拖拉机在河南洛阳第一拖拉机制造厂生产成功，结束了中国不能生产拖拉机的历史。

“东方红”54履带拖拉机。

150拖拉机。

802型履带拖拉机。

LF80-90拖拉机。

X1204拖拉机。

LZ2704动力换挡拖拉机。

LW4004轮式拖拉机。

“东方红”系列拖拉机。

新中国第一

# 第一台电子管计算机

## 1958年8月
## “103”计算机研制成功

1958年8月，中国第一台通用数字电子计算机——“103”型（后定名为DJS－1型）计算机研制成功，填补了中国计算机技术的空白。“103”机的运算速度达每秒1800次，解决了许多科学研究和工程设计中的计算问题。

“103”机模型。

“103”机程序汇编。

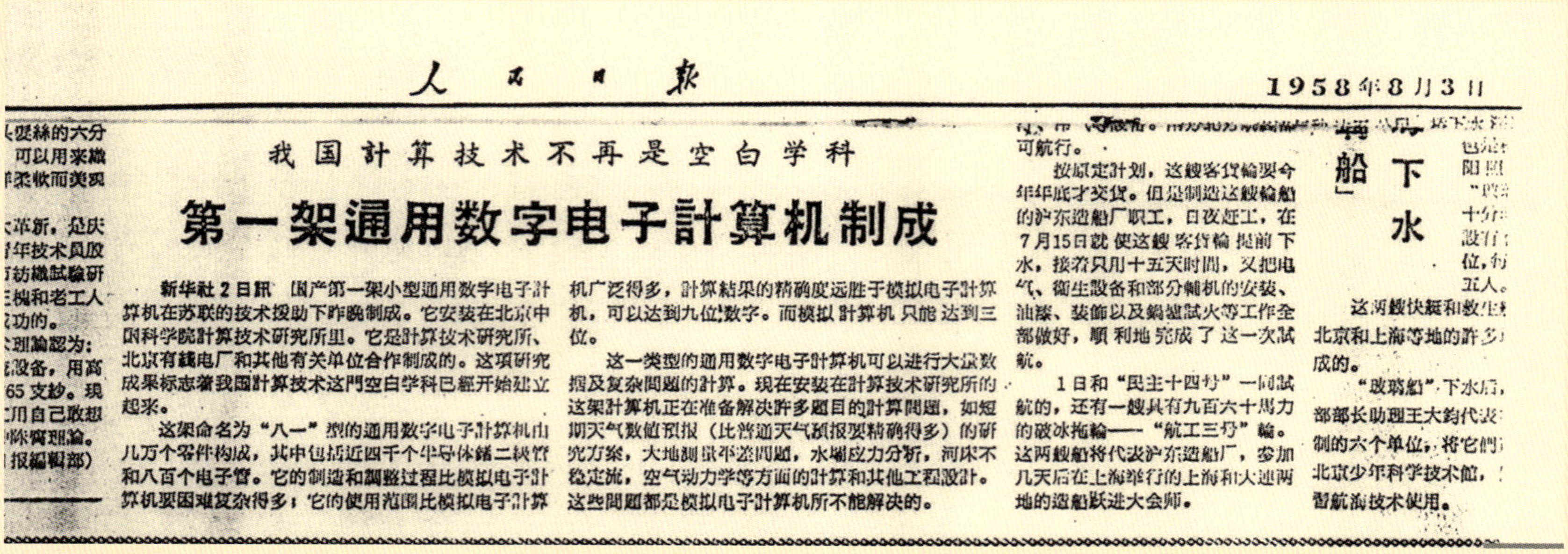

人民日报　1958年8月3日

我国計算技术不再是空白学科

第一架通用数字电子計算机制成

新华社2日訊　国产第一架小型通用数字电子計算机在苏联的技术援助下昨晚制成。它安装在北京中国科学院計算技术研究所里。它是計算技术研究所、北京有綫电厂和其他有关单位合作制成的。这項研究成果标志着我国計算技术这門空白学科已經开始建立起来。

这架命名为“八一”型的通用数字电子計算机由几万个零件构成，其中包括近四千个半导体鍺二极管和八百个电子管。它的制造和調整过程比模拟电子計算机要困难复杂得多；它的使用范围比模拟电子計算机广泛得多，計算結果的精确度远胜于模拟电子計算机，可以达到九位数字。而模拟計算机只能达到三位。

这一类型的通用数字电子計算机可以进行大量数据及复杂問題的計算。现在安装在計算技术研究所的这架計算机正在准备解决許多題目的計算問題，如短期天气数值预报（比普通天气預报要精确得多）的研究方案，大地測量平差問題，水壩应力分析，河床不稳定流，空气动力学等方面的計算和其他工程設計。这些問題都是模拟电子計算机所不能解决的。

1958年8月3日，《人民日报》关于“103”机的报道。

工作人员使用“103”机。

新中国第一

# 第一台内燃机车

1958年9月

长辛店厂内燃机车试制成功

第一台内燃机车试制成功庆祝场面。

1958年9月，中国第一台内燃机车在长辛店机车车辆修理厂试制成功，采用电气传动，自重60吨，最高时速85公里。

新中国第一

# 第一艘万吨级远洋货轮

## 1960年4月
## “东风号”下水

1960年4月，中国第一艘自行设计、采用国产材料和设备制造的“东风号”万吨级远洋货轮下水，标志着中国造船工业上了一个新台阶 。

江南造船厂制造的万吨级远洋货轮“东风号”下水。

新中国第一

# 第一枚近程地地导弹

## 1960年11月
## “东风一号”发射成功

1960年11月，第一枚近程地地导弹“东风一号”发射成功，实现了中国导弹研制史上零的突破。1964年6月，中国自行设计制造的“东风二号”导弹发射成功。

地地导弹研制手稿封面。

“东风一号”导弹发射。

新中国第一

# 第一台万吨水压机

## 1962年6月
## 万吨水压机在江南造船厂制造竣工

1962年6月，第一台万吨水压机在江南造船厂制造竣工，中国成为世界上少数几个拥有万吨级水压机的国家之一。

江南造船厂12000吨锻造水压机制造竣工留念照。

造水压機制造竣工留念 1962年6月22日
上海
江南造船厰
1961年

新中国第一

# 第一批糖丸减毒活疫苗

## 1962年
## 脊髓灰质炎糖丸减毒活疫苗研制成功

1962年，顾方舟牵头研制成功第一批糖丸减毒活疫苗。1965年起在全国范围内接种口服脊髓灰质炎糖丸减毒活疫苗，病例数开始下降。现在，中国已经成为无脊髓灰质炎国家。

“糖丸爷爷”顾方舟。

脊髓灰质炎研究资料和疫苗样品。

云南省1957—1977年
脊髓灰质炎流行情况分析
关于 1957 年至 1977 年全国各省市
脊髓灰质炎流行情况的分析
顾方舟撰写的《脊髓灰质炎活疫苗
的研究现状》

新中国第一

# 第一例断肢再植术

## 1963年1月
## 成功实施世界首例断手再植术

1963年1月，上海第六人民医院陈中伟等医护人员为被完全切断右手的工人王存柏成功实施了世界首例断手再植术，轰动了全世界。陈中伟被誉为“世界断肢再植之父”。

康复后的王存柏回到机床边劳动。

周恩来接见陈中伟（二排左五）等医护人员。

1
新中国第一

# 第一个大型氮肥厂

## 1963年9月
## 上海吴泾化工厂投入生产

1963年9月，第一个自行设计、施工的大型氮肥厂——上海吴泾化工厂投入生产，结束了中国化肥完全依赖进口的局面。

上海吴泾化工厂外景。

饱和塔

# 第一颗原子弹

## 1964年10月
## 首颗原子弹在罗布泊爆炸成功

1964年10月16日，中国第一颗原子弹在罗布泊核试验场爆炸成功，打破了少数国家的核垄断。

第一颗原子弹爆炸成功时升起的蘑菇状烟云。

第一颗原子弹爆炸成功时的欢呼场面。

原子弹模型。

# 第一例人工心脏手术

## 1965年6月
## 首例自制人工心脏瓣膜安置成功

1965年6月，上海长海医院蔡用之等医护人员采用自行设计研制的人工心脏瓣膜，在国内首次成功进行了人工心脏二尖瓣膜置换手术，填补了中国心脏外科该领域的空白。

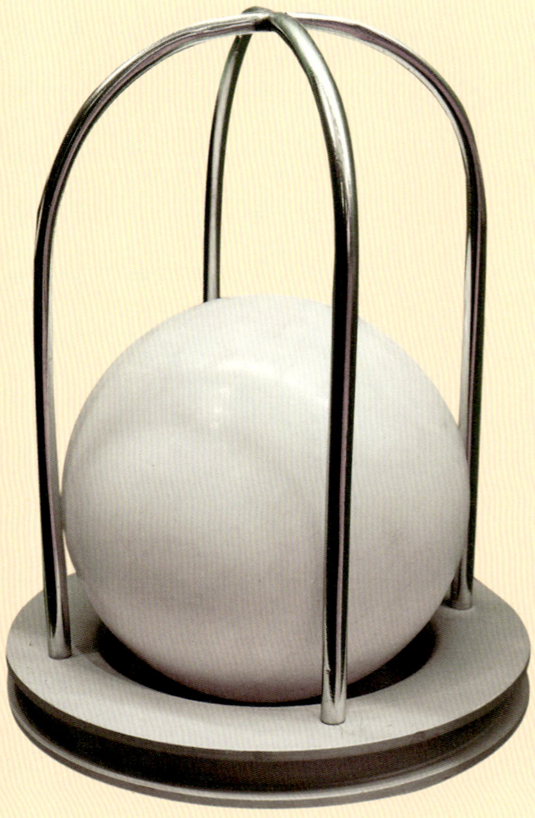

第一只国产球瓣模型。

蔡用之教授（左一）和第一例心脏瓣膜置换术患者在一起交谈。

新中国第一

# 第一台大型电子显微镜

## 1965年8月
## 自行设计制造的一级大型电子显微镜
## 试制成功

1965年8月，中国自行设计、制造的第一台一级大型电子显微镜试制成功，其最大放大倍数为20万倍。这是中国在精密仪器领域取得的重大进步。

中国第一台一级大型电子显微镜通过鉴定。

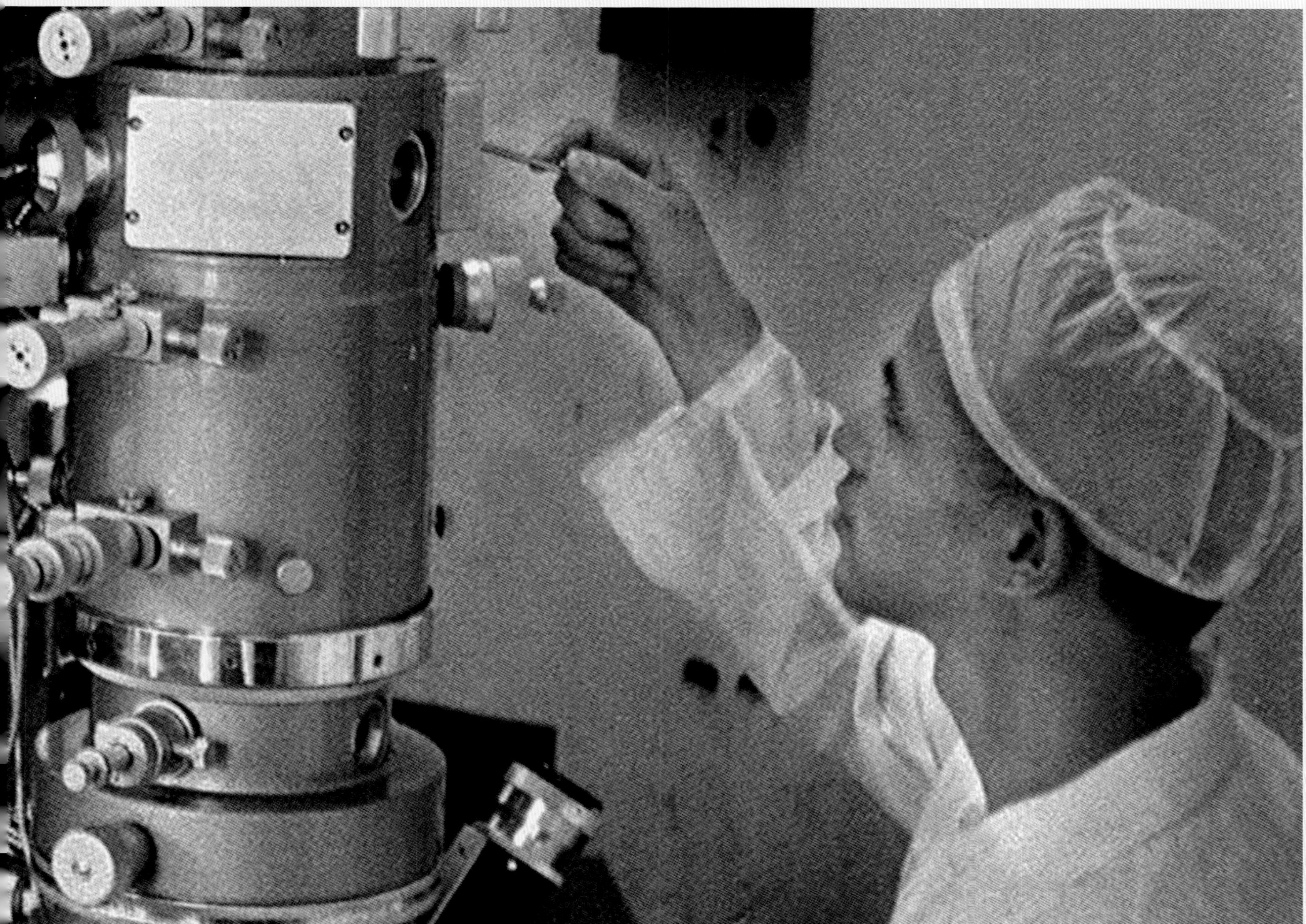

新中国第一

# 第一次人工合成蛋白质

## 1965年9月
## 世界上首次人工全合成牛胰岛素

1965年9月，中国首次人工全合成结晶牛胰岛素。这是世界上第一个人工合成的蛋白质，为人类认识生命、揭开生命奥秘迈出了一大步，使得中国在人工合成生物大分子这一基础科学领域跃居世界先进行列。

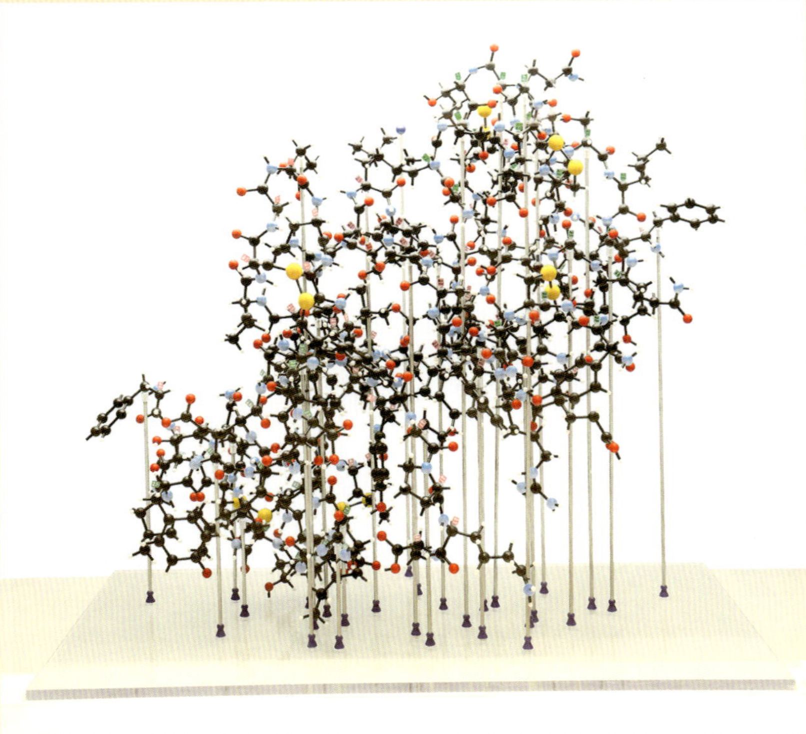

结晶牛胰岛素分子式模型。

1965年10月，人工全合成结晶牛胰岛素样品活性测定成功。

新中国第一

# 第一次成功发射导弹核武器

1966年10月

自行设计制造的导弹核武器首次成功发射

首颗装有核弹头的地地导弹。

1966年10月，装有核弹头的地地导弹成功发射。“两弹”首次结合试验成功，标志着中国从此拥有了可以用于实战的导弹核武器。

新中国第一

# 第一口海上探井

1967年6月

渤海油田海1井出油

1967年6月，渤海油田海1井喷油，这是中国第一口海上探井出油。

渤海油田海1井钻塔。

新中国第一

# 第一颗氢弹

## 1967年6月
## 首颗氢弹空爆试验成功

1967年6月，第一颗氢弹空爆试验成功，标志着中国核武器的发展进入了崭新的阶段。

中国第一颗氢弹爆炸成功时升起的蘑菇状烟云。

1
新中国第一

# 第一座自行设计建造的长江大桥

## 1968年12月　南京长江大桥建成通车

1968年，建设南京长江大桥的工人们和南京人民群众举行通车典礼，庆祝大桥通车。

1968年12月，长江上第一座由中国自行设计建造的当时世界最长的公路铁路两用桥——南京长江大桥建成通车。

新中国第一

# 第一代电力机车

## 1969年1月
## 韶山1型电力机车批量生产

1969年1月，中国第一代电力机车——韶山1型电力机车批量生产，这是20世纪70年代至80年代中国电气化铁路干线的主型电力机车。

运行中的韶山1型电力机车。

122

新中国第一

# 第一批自主研制的高空高速歼击机

## 1969年7月
## 歼-8飞机首飞成功

1969年7月，中国自主研制的首型高空高速歼击机——歼-8飞机首飞成功。

国营松陵机械厂研制的高速歼击机——歼-8飞机在沈阳首飞成功。

新中国第一

# 第一条地铁

## 1969年10月
## 北京地铁一期工程建成

1969年10月，中国第一条地铁线路建成，该线路从北京火车站至古城路站，共设16座车站，建成线路长度22.9公里。

北京地铁一期工程通车试运营。

基建工程兵修建地铁的场景。

新中国第一

# 第一套全自动长途电话设备

1969年10月
北京—天津全自动长途电话设备启用

1969年10月，中国自行设计、自行制造的第一套全自动长途电话设备，在北京和天津之间启用，采用了当时具有世界先进水平的全电子化自动记录和计费设备，拉开了全国长途电话自动化的序幕。

工作人员对全自动长途电话设备进行维护调试。

新中国第一

# 第一次中远程火箭飞行试验成功

1970年1月
中远程火箭飞行试验首次成功

1970年1月，中远程火箭飞行试验首次成功，使中国具备了中低轨道人造地球卫星的发射能力。

“长征一号”模型。

新中国第一

# 第一颗人造地球卫星

## 1970年4月
## “东方红一号”成功发射

1970年4月，中国第一颗人造地球卫星“东方红一号”成功进入预定轨道，标志着中国在航天技术方面取得历史性突破。

中国第一颗人造地球卫星“东方红一号”。

群众争相眺望“东方红一号”通过北京上空。

新中国第一

# 第一家钛厂

## 1970年9月
## 遵义钛厂建成投产

1970年9月，中国第一家钛厂——遵义钛厂生产出了第一批海绵钛，为中国军工等行业作出了重要贡献。

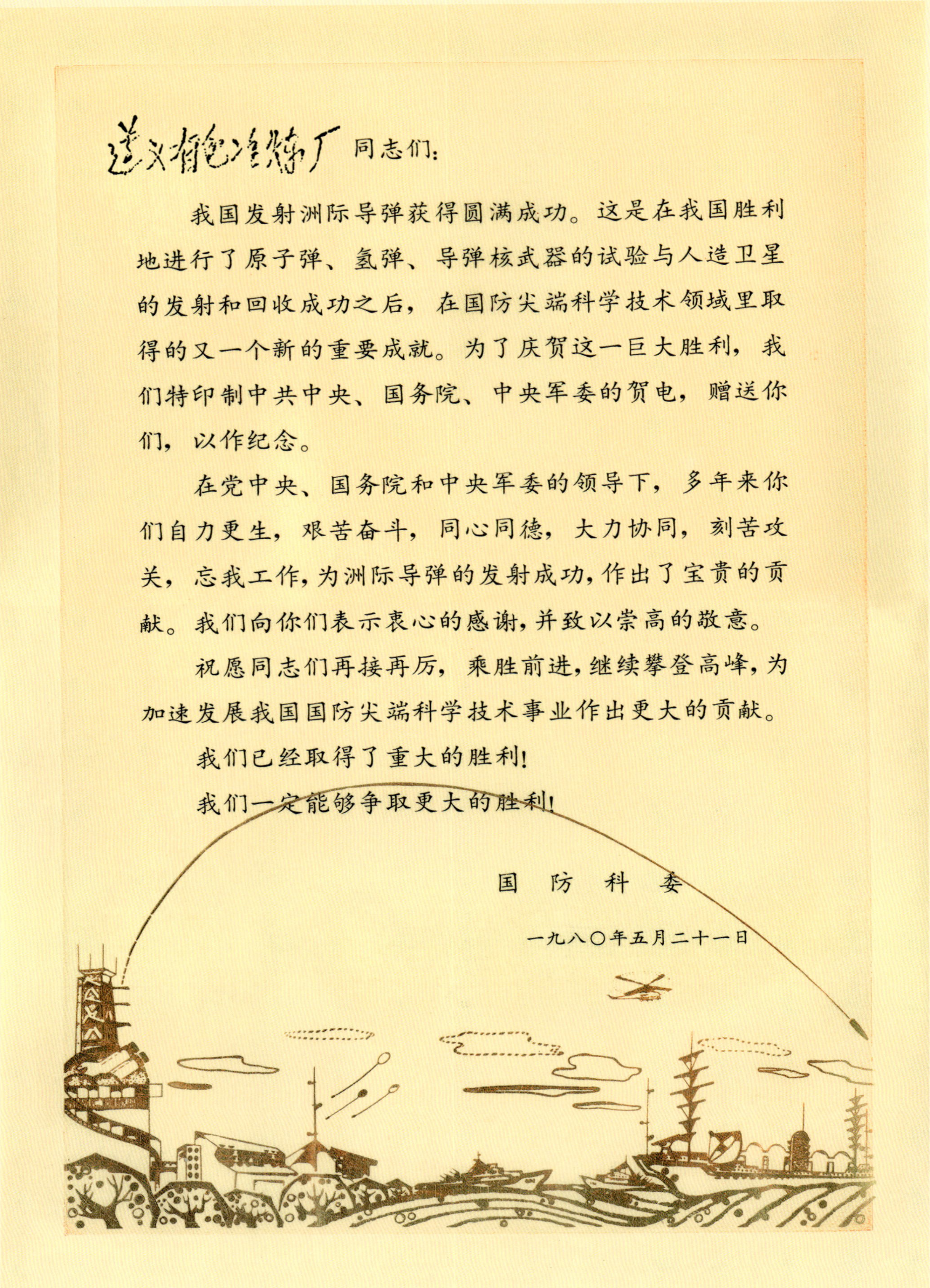

遵义有色冶炼厂同志们：

我国发射洲际导弹获得圆满成功。这是在我国胜利地进行了原子弹、氢弹、导弹核武器的试验与人造卫星的发射和回收成功之后，在国防尖端科学技术领域里取得的又一个新的重要成就。为了庆贺这一巨大胜利，我们特印制中共中央、国务院、中央军委的贺电，赠送你们，以作纪念。

在党中央、国务院和中央军委的领导下，多年来你们自力更生，艰苦奋斗，同心同德，大力协同，刻苦攻关，忘我工作，为洲际导弹的发射成功，作出了宝贵的贡献。我们向你们表示衷心的感谢，并致以崇高的敬意。

祝愿同志们再接再厉，乘胜前进，继续攀登高峰，为加速发展我国国防尖端科学技术事业作出更大的贡献。

我们已经取得了重大的胜利！

我们一定能够争取更大的胜利！

国防科委

一九八〇年五月二十一日

中国洲际导弹发射成功，国防科委给遵义钛厂（当时改称为遵义有色冶炼厂）发出感谢信。

新中国第一

# 第一条浮法玻璃生产线

## 1971年9月
## 浮法玻璃生产线在洛阳建成投产

1971年9月，由中国自行研制、自行设计、自行建造的第一条浮法玻璃生产试验线，在洛阳玻璃厂开始进行试生产，生产出中国第一块浮法玻璃。

(00015)

发明证书

B 00099

为了表彰在科学技术现代化方面作出重大贡献的发明者，特颁发此证书，以资鼓励。

发明项目：洛阳浮法玻璃工艺

发 明 者：洛阳玻璃厂、秦皇岛玻璃研究所、杭州新型建筑材料设计院、株州玻璃厂、建筑材料研究院、秦皇岛玻璃设计院

奖励等级：二等

奖章号码：1030

中华人民共和国
国家科学技术委员会主任 方毅

一九八一年七月

洛阳浮法玻璃工艺发明证书。

洛阳浮法玻璃生产线。

新中国第一

# 第一艘导弹驱逐舰

## 1971年12月
## 自主研制的“济南舰”入列服役

1971年12月，中国自主研制的第一艘导弹驱逐舰“济南舰”正式编入海军战斗序列。

导弹驱逐舰“济南舰”。

# 第一次发现青蒿素

## 1971年
## 中国科学家发现治疗疟疾的青蒿素

1971年，中国科学家第一次发现青蒿素。青蒿素药品挽救了全球数百万人的生命，为人类战胜疟疾作出了重要贡献。

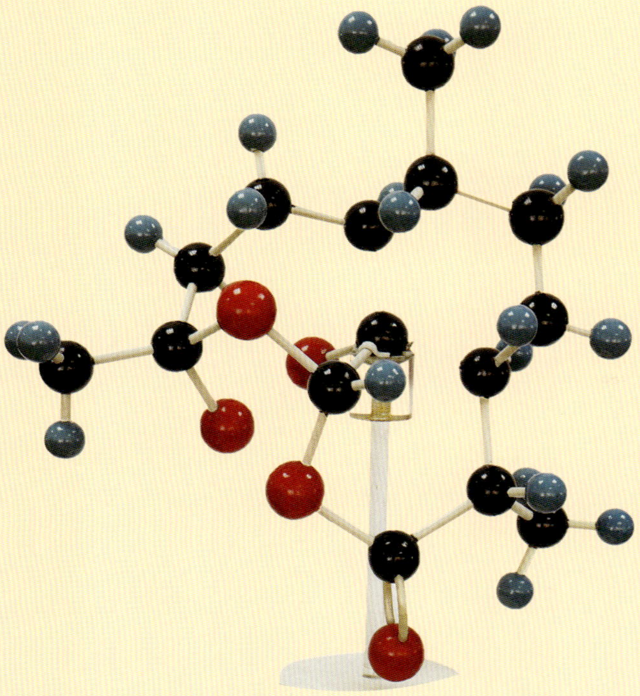

青蒿素化学结构模型。

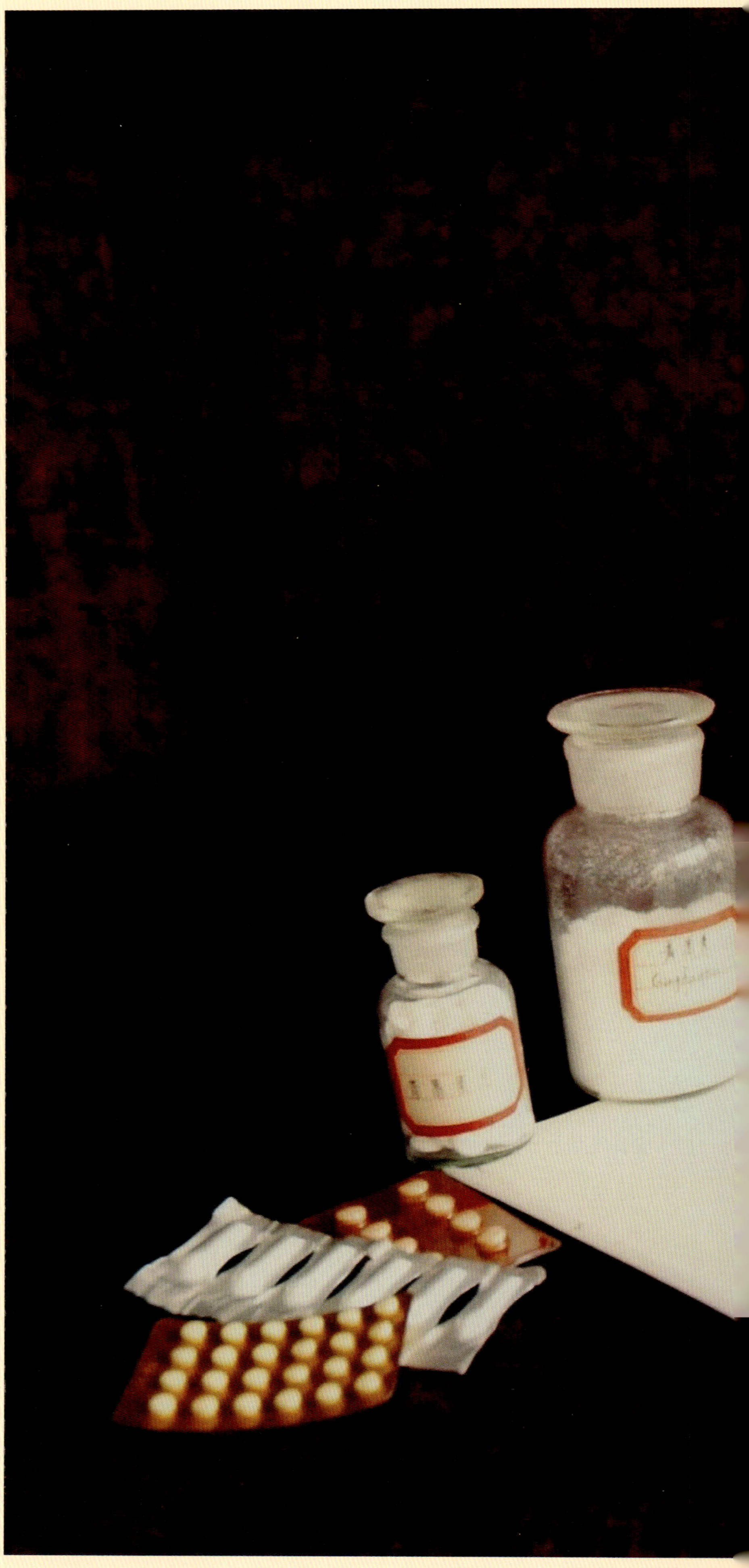

青蒿素标本及其制品。

双氢青蒿素

# 第一次成功培育杂交水稻

## 1973年
## 世界上首次成功培育籼型杂交水稻

1973年，中国籼型杂交水稻科研协作组袁隆平等人，在世界上首次成功培育强优势籼型杂交水稻。1976年在全国进行大面积推广应用，是中国水稻育种史上的一次重大突破。籼型杂交水稻于1981年获得中国第一个国家特等发明奖。1996年超级杂交稻计划启动，2018年亩产达到1152.3公斤，再次刷新水稻单产世界纪录。

袁隆平遴选杂交水稻标本。

海外推广籼型杂交水稻。

GUARD
SOWING
TRANSPLANTING

新中国第一

# 第一批核潜艇列装部队

## 1974年8月
## “长征一号”核动力潜艇列装部队

1974年8月，中国自主研制的第一艘核动力潜艇“长征一号”正式交付海军使用。

“长征一号”核潜艇模型。

“长征一号”核潜艇。

401

新中国第一

# 第一条长距离输油管道

1974年12月

大庆至秦皇岛输油管道建成

1974年12月，中国第一条长距离输油管道大庆至秦皇岛输油管道建成，管道全长1152公里，是中国第一条“地下大动脉”。

铁岭至秦皇岛管线投产。

庆原油流到秦皇岛

新中国第一

# 第一座百万千瓦级水电站

1974年12月

刘家峡水电站建成投产

刘家峡水电站厂房全景。

1974年12月，中国首座自行设计、自制设备、自行施工的百万千瓦级水电站——刘家峡水电站5台机组全部建成投产。刘家峡水电站代表了20世纪70年代中国水电技术与施工的最高水平，成为中国水电向世界亮出的第一张“名片”。

新中国第一

# 第一条电气化铁路

## 1975年7月
## 宝成铁路全线开通

1975年7月，宝成铁路（宝鸡—成都）全线完成电气化改造，这是中国第一条电气化铁路。

崇山峻岭中的宝成铁路。

新中国第一

# 第一代乙肝疫苗

1975年7月

“7571”疫苗研制成功

1975年7月，北京医学院附属人民医院陶其敏团队研制出中国第一代血源性乙肝疫苗——“7571”疫苗。

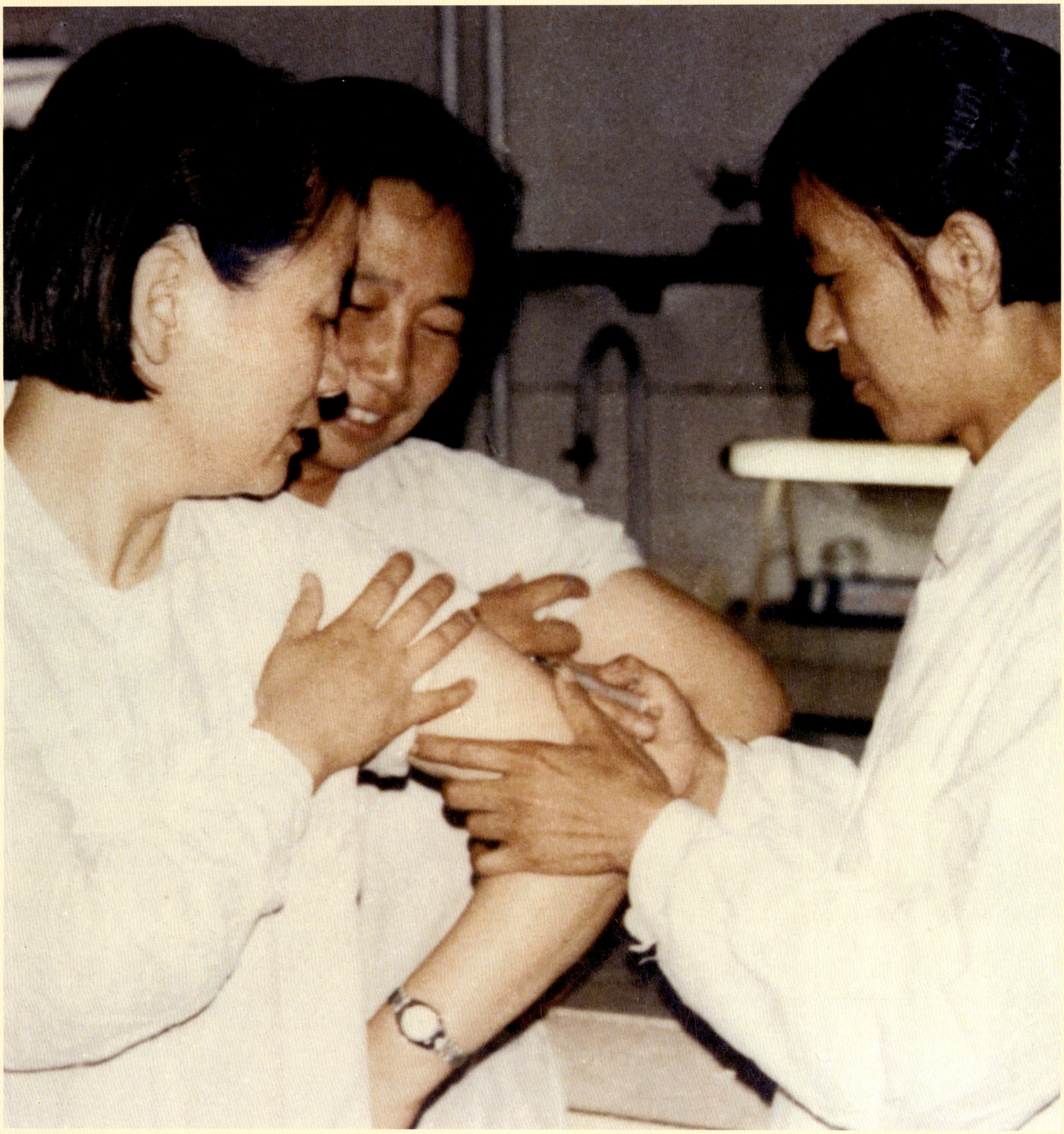

1975年8月，陶其敏（左一）第一个注射了自己研发的第一支乙肝疫苗。

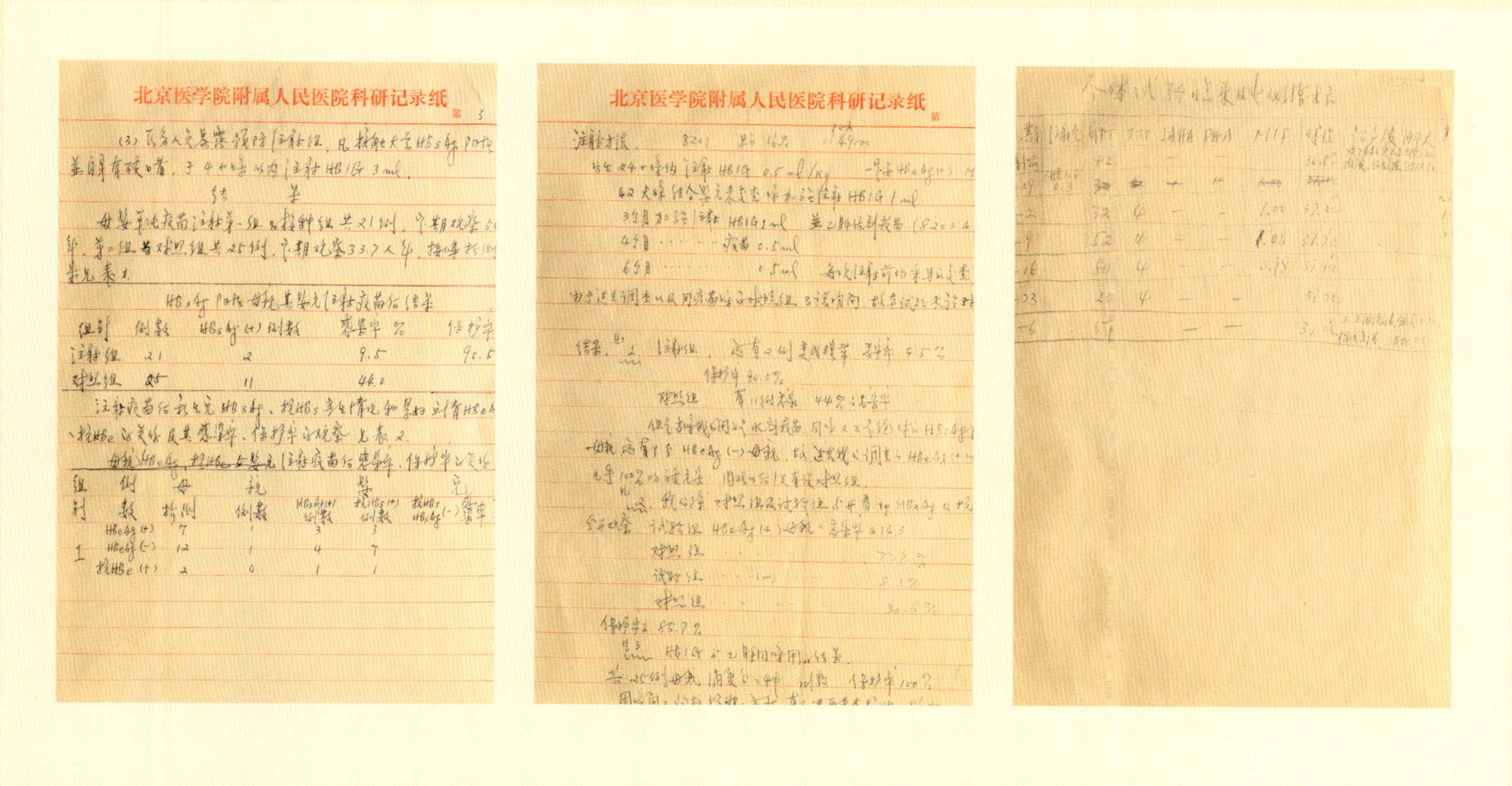
北京医学院附属人民医院科研记录纸

北京医学院附属人民医院科研记录纸

研制乙肝疫苗的实验记录。

研制乙肝疫苗的超速冷冻离心机配件。

肝病研究所生产乙肝疫苗的蒸汽消毒锅。

1

新中国第一

# 第一次测量珠峰

## 1975年7月
## 首次测量并发布珠峰精确高程

1975年7月，中国向全球宣布精确测定世界最高峰珠穆朗玛峰的海拔高程8848.13米。2005年组织完成珠峰复测，于10月发布公告，珠穆朗玛峰峰顶岩石面海拔高程为8844.43米。

珠峰高程测量纪念碑。

1975年珠峰测量现场作业。

2005年珠峰测量现场作业。

新中国第一

# 第一代国家基本比例尺地形图

## 1975年
## 第一代1：2.5万、1：5万、1：10万地形图基本测绘完成

为满足淮河、长江、黄河流域规划治理及国防需要，1958年起，中国开展了全国基本比例尺地形图测绘。1960年，第一代全国1：100万地形图编绘完成。1975年，第一代1：2.5万、1：5万、1：10万地形图基本测绘完成。

测绘队员在西部沙漠地区测绘国家基本比例尺地形图。

新中国第一

# 第一颗返回式遥感人造地球卫星

## 1975年11月
## 成功发射返回式遥感人造地球卫星

1975年11月，中国成功发射了第一颗返回式遥感人造地球卫星，成为继美国、苏联之后第三个掌握卫星回收技术的国家。

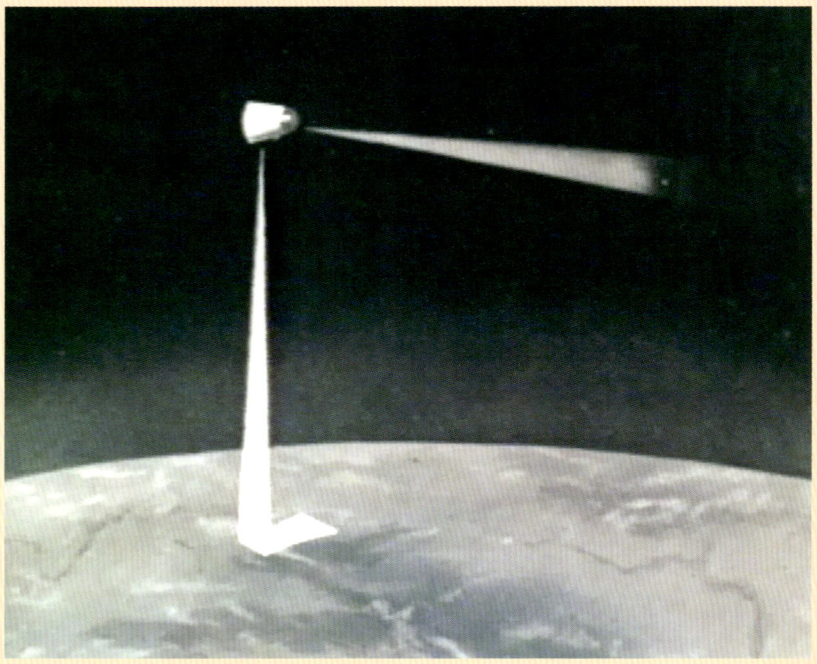

遥感卫星返回地面示意图。

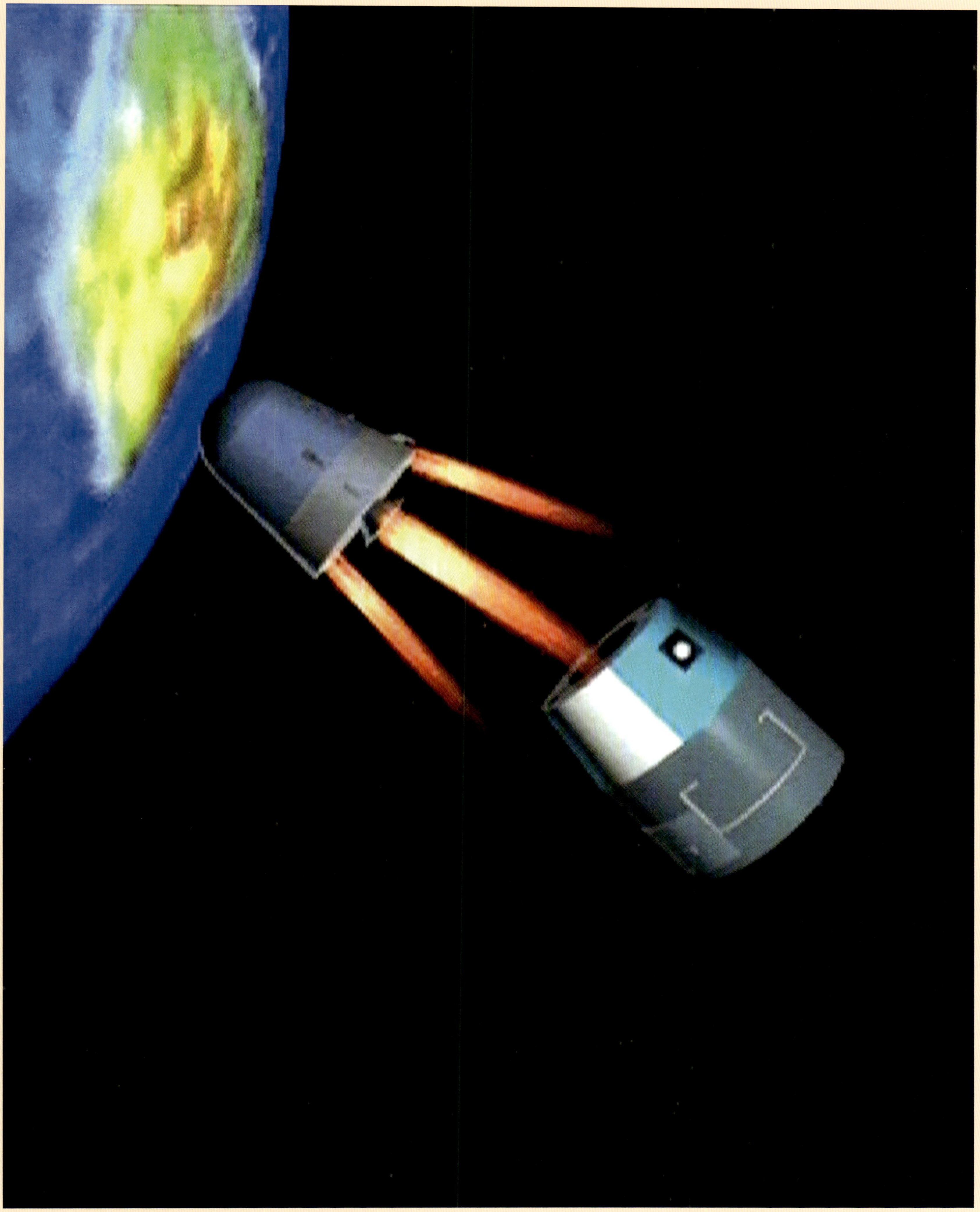

# 第一次远洋科学调查

1976年3月至5月
在太平洋海域成功进行远洋科学调查

1976年3月至5月，万吨远洋科学调查船“向阳红5号”和“向阳红11号”在太平洋海域成功进行了中国首次远洋科学调查，为发展中国海洋科学事业作出了贡献。调查中使用了多种由中国自行设计、制造和安装的仪器设备。

远洋调查工作现场。

远洋调查工作人员。

新中国第一

# 第一条现代化通信干线

## 1976年4月
## 中同轴电缆1800路载波通信干线建成

1976年4月，第一条现代化的中同轴电缆1800路载波通信干线在京、沪、杭之间建成。开通了长途电话自动半自动拨号、快速电报、传真和数据通信等多种通信业务，标志着中国通信科学技术和设备制造取得重大进步。

中同轴电缆1800路载波机进行鉴定测试。

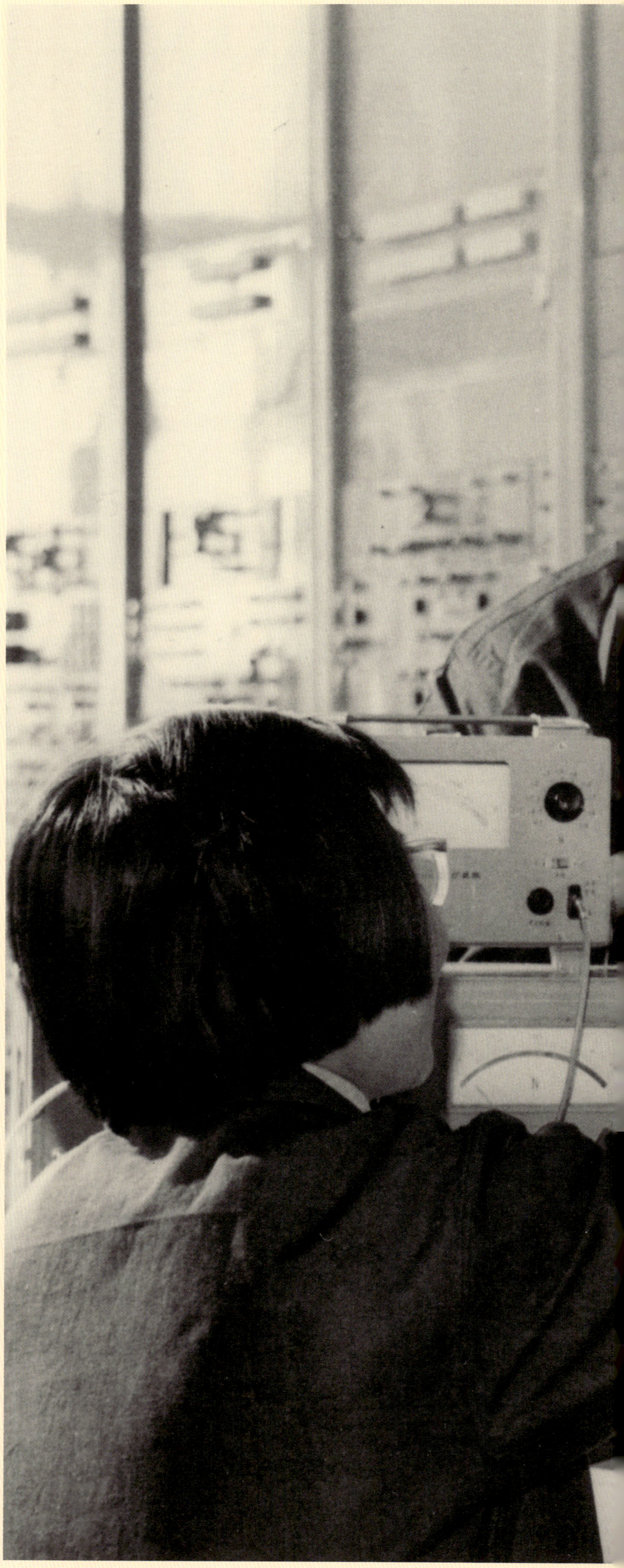

技术人员对京沪杭干线载波机进行电路测试。

新中国第一

# 第一座10万吨级深水油港

1976年6月

大连新港建成投产

庆祝大连新港投产大会。

1976年6月，中国第一座10万吨级现代化深水油港大连新港建成投产。

新中国第一

# 第一个援外大型成套项目

1976年7月

坦赞铁路全线正式运行

坦赞铁路建设场景。

1976年7月，由中国、坦桑尼亚和赞比亚三国合作建设的坦赞铁路开通运营，全长1860.5公里，是迄今中国最大的援外成套项目之一，69位中国铁路职工献出宝贵生命。坦赞铁路是中非友谊的丰碑。

# 第一大植树造林工程

1978年11月

"三北"防护林工程启动建设

陕西省吴起县三谷窑村"三北"工程区1984年、2012年造林建设前后对比。

1978年11月，为构筑祖国北疆绿色生态屏障，中共中央、国务院决定启动“三北”防护林工程建设。这是世界上最大的植树造林工程。工程规划期限为1978—2050年，分八期进行。目前已开启第五期工程建设。

新中国第一

# 第一个千万吨级钢铁基地

## 1978年12月
## 上海宝山钢铁总厂开工建设

1978年12月，中国开工建设第一个千万吨级现代化大型钢铁基地（宝钢），这是中国改革开放后实施的第一个重大工程。

宝钢打下第一根桩。

1981年，上海宝钢一期工程建设现场。

# 第一台汉字激光照排样机

## 1979年7月
## 汉字激光照排系统原理性样机研制成功

1979年7月，第一台汉字激光照排系统原理性样机研制成功。汉字激光照排技术解决了汉字无法被计算机处理的难题，“告别铅与火、迎来光与电”，掀起了新的技术革命，为汉字和中华文明在互联网时代的传播和发展创造了条件。

1985年6月生产的华光Ⅱ型激光照排机，照排速度为五号字60字／秒。

1987年5月21日，《经济日报》铅排铅印使用的最后一块铅版。

汉字激光照排系统输出的胶片。

# 第一次向南太平洋海域发射运载火箭

## 1980年5月
## 向南太平洋海域发射运载火箭获得成功

1980年5月，中国首次向南太平洋海域发射运载火箭获得成功，标志着中国运载火箭技术达到了新的水平。

首次向南太平洋海域发射运载火箭的备份数据回收舱。

运载火箭发射瞬间。

新中国第一

# 第一架大型喷气旅客机

## 1980年9月
## 自行设计制造的“运-10”成功试飞

1980年9月，中国自行设计制造的第一架大型喷气旅客机“运-10”在上海首次试飞成功。

“运-10”旅客机。

新中国第一

# 第一个短波授时系统

## 1981年7月
## 短波授时系统正式发播

1981年7月，经国务院批准，短波授时系统正式发播标准时间和频率信号，标准频率发播精度达到毫秒级，授时距离大于3000公里。1985年7月，大功率长波授时台以全功率正式试验发播长波授时信号，将授时精度由毫秒级提升到微秒级，填补了中国在原子授时领域的空白，并进入世界先进行列。

1980年，我国第一座短波授时台在陕西建成。

短波授时天线。

新中国第一

# 第一次成功发射“一箭三星”

## 1981年9月
## 用一枚运载火箭成功发射三颗卫星

1981年9月，中国首次用一枚运载火箭成功发射三颗卫星。中国成为世界上第四个掌握用一枚火箭发射多颗卫星技术的国家。

“一箭三星”运载火箭。

有较大的贡献
FB-1

新中国第一

# 第一个万门程控电话交换系统

## 1982年11月
## 万门程控电话交换系统在福建省福州市正式开通

1982年11月，中国第一个万门程控电话交换系统在福建省福州市正式开通，标志着中国进入程控电话交换机时代。

机房一角。

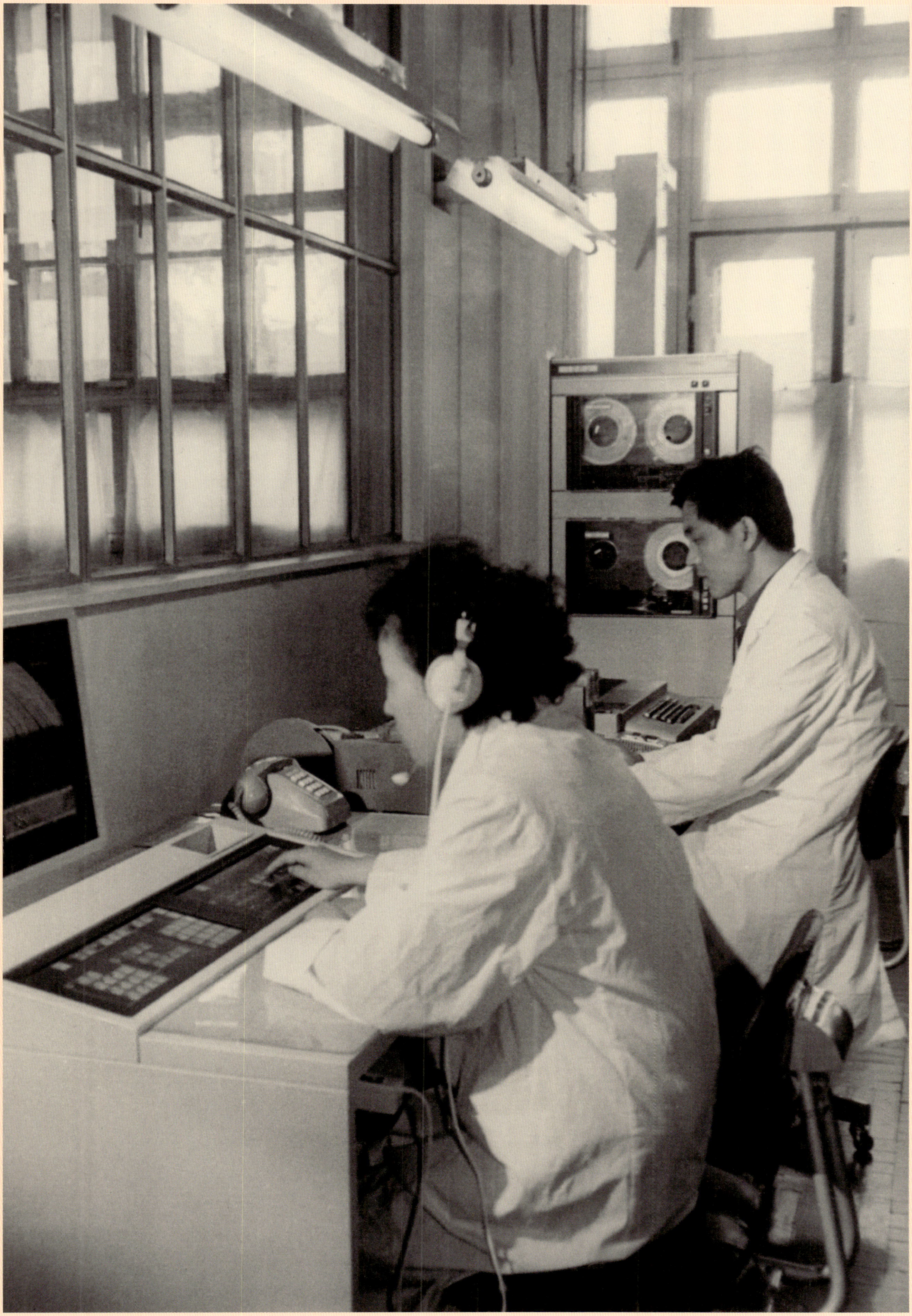

福州市电信局开通万门程控电话交换系统。

新中国第一

# 第一株22A型肺炎双球菌

## 1983年4月
## 成功分离出世界第一株22A型肺炎双球菌

1983年4月，武汉医学院第二附属医院科研人员从血液中分离出世界第一株22A型肺炎双球菌，对了解肺炎球菌菌型在世界各地的分布作出了贡献。

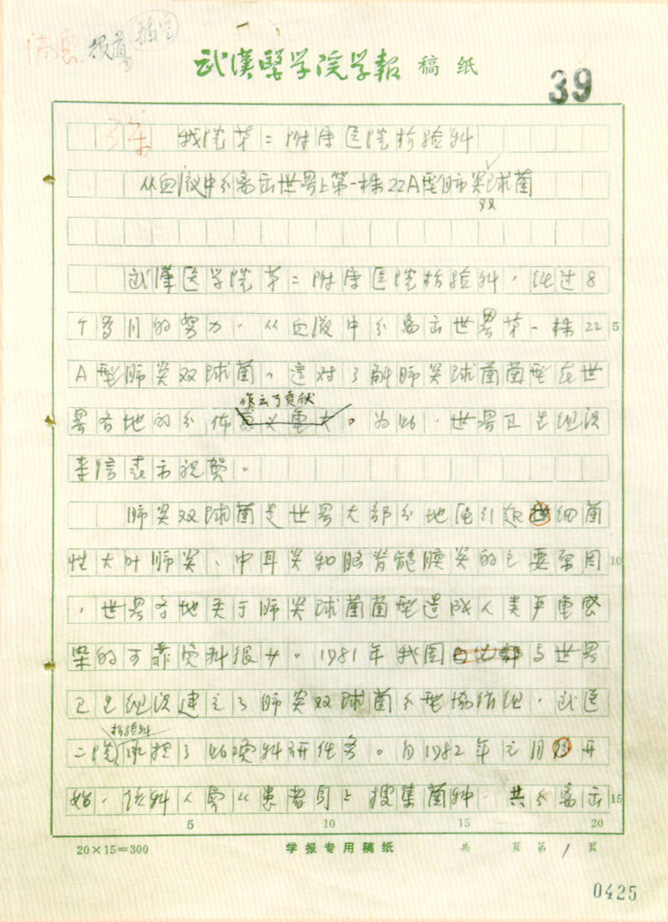

武漢醫学院学報 稿纸 39

武汉医学院第二附属医院检验科

从血液中分离出世界上第一株22A型肺炎双球菌

武汉医学院第二附属医院检验科，经过8个多月的努力，从血液中分离出世界第一株22A型肺炎双球菌。这对了解肺炎球菌菌型在世界各地的分布作出了贡献。为此，世界卫生组织来信表示祝贺。

肺炎双球菌是世界大部分地区引起细菌性大叶肺炎、中耳炎和脑脊髓膜炎的主要病因，世界各地关于肺炎球菌菌型造成人类严重感染的可靠资料很少。1981年我国与世界卫生组织建立了肺炎双球菌分型协作，武汉医学院二院检验科承担了此项科研任务。自1982年元月13开始，检验人员从患者身上搜集菌种，共分离出

20×15=300 学报专用稿纸 共 页第 1 页

0425

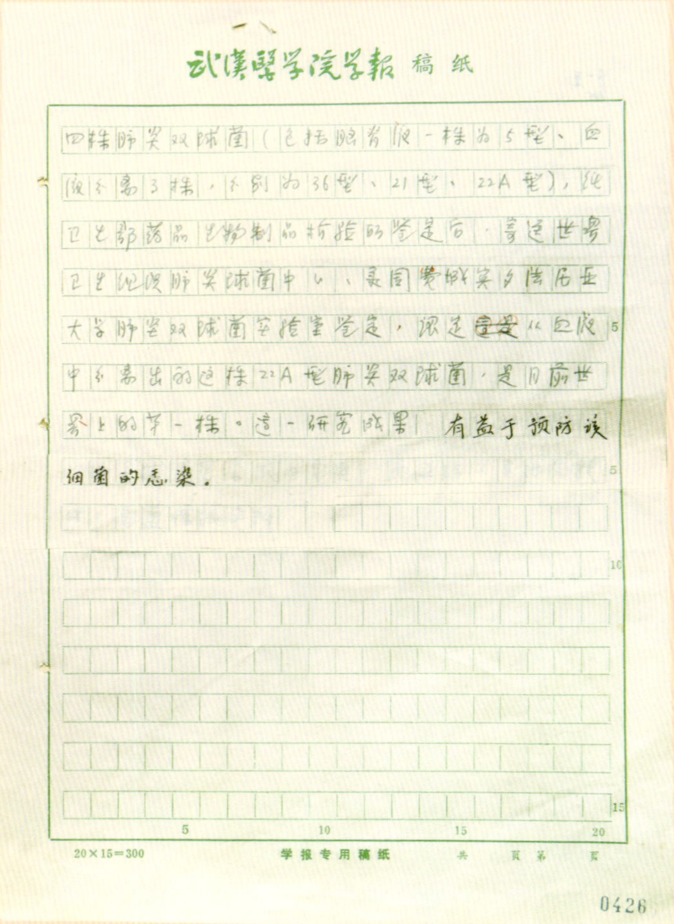

武漢醫学院学報 稿纸

四株肺炎双球菌（包括脑脊液一株为5型、血液分离3株，分别为36型、21型、22A型），经卫生部药品生物制品检验的鉴定后，寄送世界卫生组织肺炎球菌中心、美国费城宾夕法尼亚大学肺炎双球菌实验室鉴定，证实从血液中分离出的这株22A型肺炎双球菌，是目前世界上的第一株。这一研究成果有益于预防该细菌的感染。

20×15=300 学报专用稿纸 共 页第 页

0426

论文手写稿。

实验仪器。

新中国第一

# 第一颗地球同步轨道试验通信卫星

## 1984年4月
## “东方红二号”成功发射

1984年4月，中国第一颗地球同步轨道试验通信卫星“东方红二号”成功发射，实现了中国卫星通信零的突破。中国成为世界上第五个掌握卫星通信技术的国家。

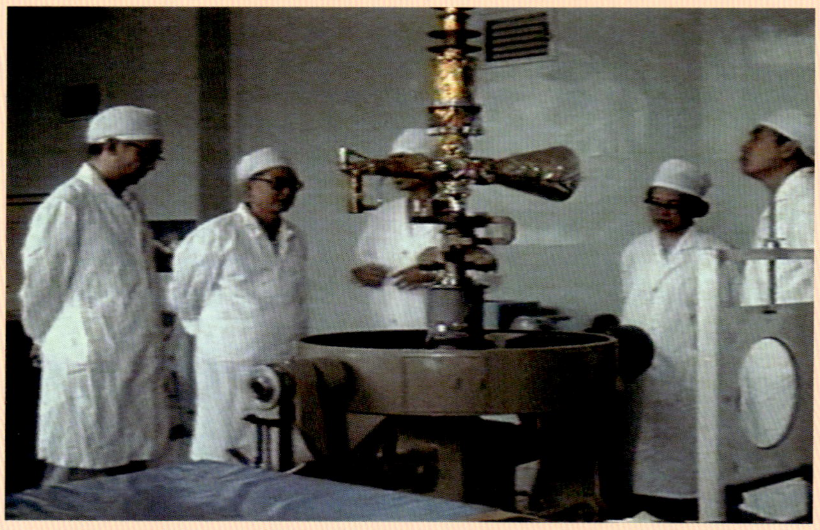

“东方红二号”科研场景。

在航天博物馆展出的“东方红二号”通信卫星。

新中国第一

# 第一个数字寻呼系统

## 1984年5月
## 广东省广州市开通数字寻呼系统

1984年5月，广东省广州市用150兆赫频段开通了中国第一个数字寻呼系统。1987年11月，广州市建立了中国第一个移动电话局。

BP机。

寻呼台工作场景。

新中国第一

# 第一个南极科学考察站

## 1985年2月
## 长城站在南极洲乔治王岛建成

1983年6月，中国正式成为《南极条约》缔约国之一。1985年2月，中国南极长城站在南极洲乔治王岛举行落成典礼，标志着中国南极考察事业进入了一个新阶段。

中国南极长城站举行落成典礼。

长城站一号楼沙盘模型。

中国南极考察队首次登上南极洲乔治王岛。

# 第一次治愈白血病

1986年5月

治愈急性早幼粒细胞性白血病患者

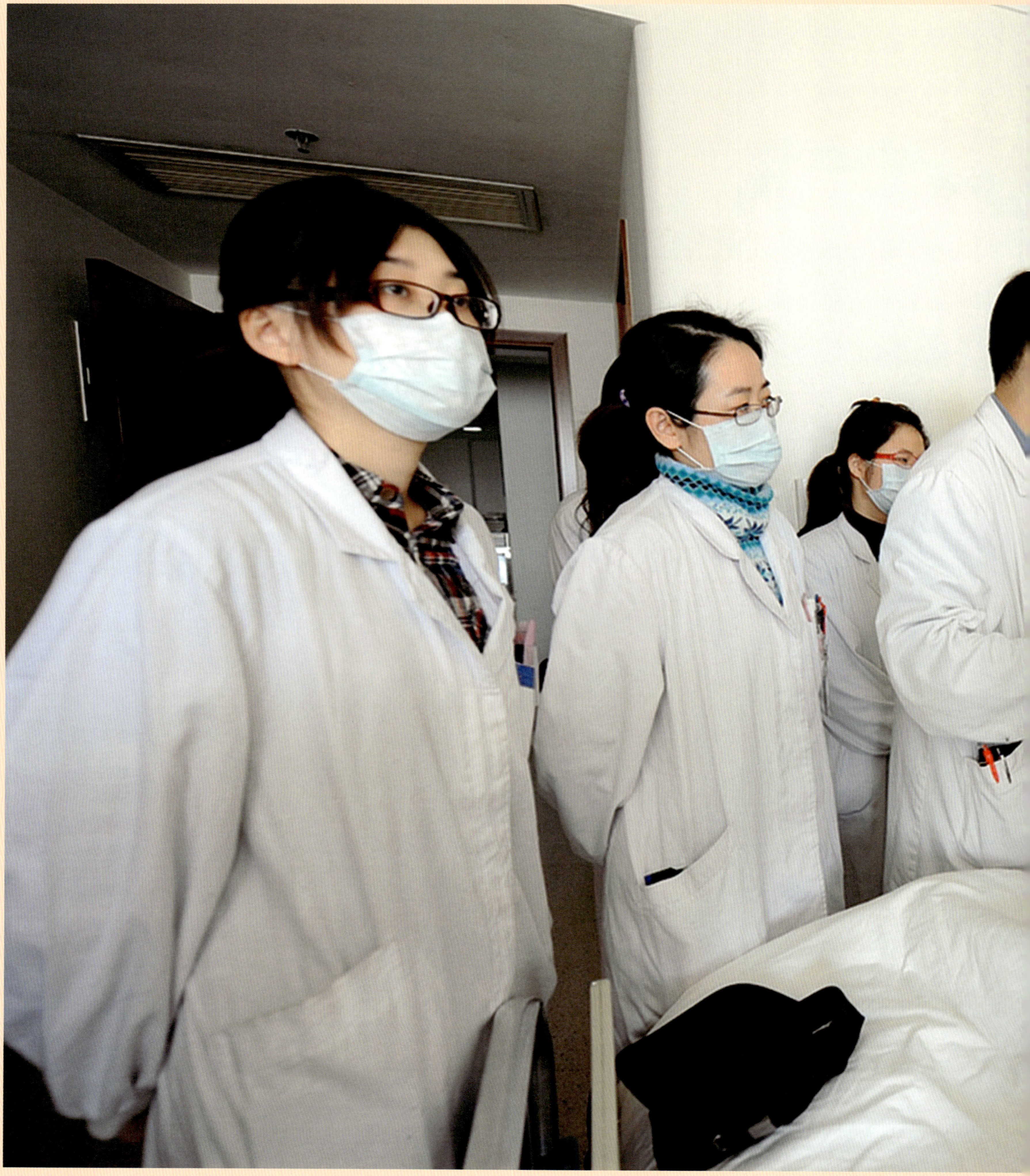

王振义在病房查看病人。

1986年5月，上海瑞金医院王振义教授成功治愈急性早幼粒细胞性白血病患者，成为世界公认的诱导分化理论治愈癌细胞的第一个成功案例。2011年1月，王振义获得国家2010年度最高科学技术奖。

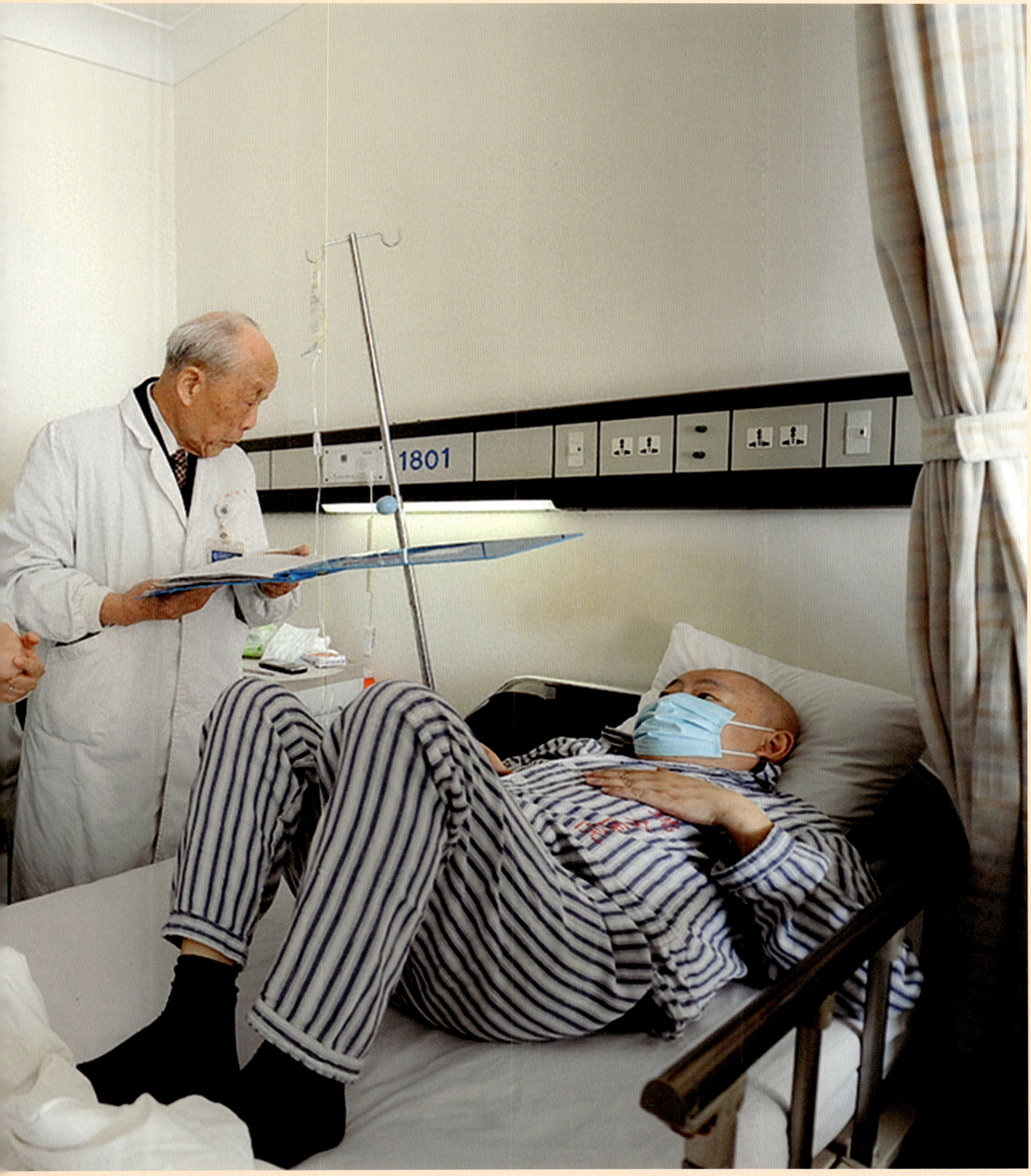

新中国第一

# 第一个国内卫星通信网

## 1986年7月
## 中国国内卫星通信网建成

1986年7月，中国国内卫星通信网建成。随着北京、乌鲁木齐、拉萨、广州、呼和浩特等地卫星通信地球站的建立，公共通信能力大为提高，边远地区通信状况有效改善。

卫星通信地球站正在进行试验。

新中国第一

# 第一例试管婴儿诞生

## 1988年3月
## 中国大陆第一例试管婴儿诞生

1988年3月，由北京医科大学第三医院张丽珠教授成功培育的中国大陆第一例试管婴儿诞生。

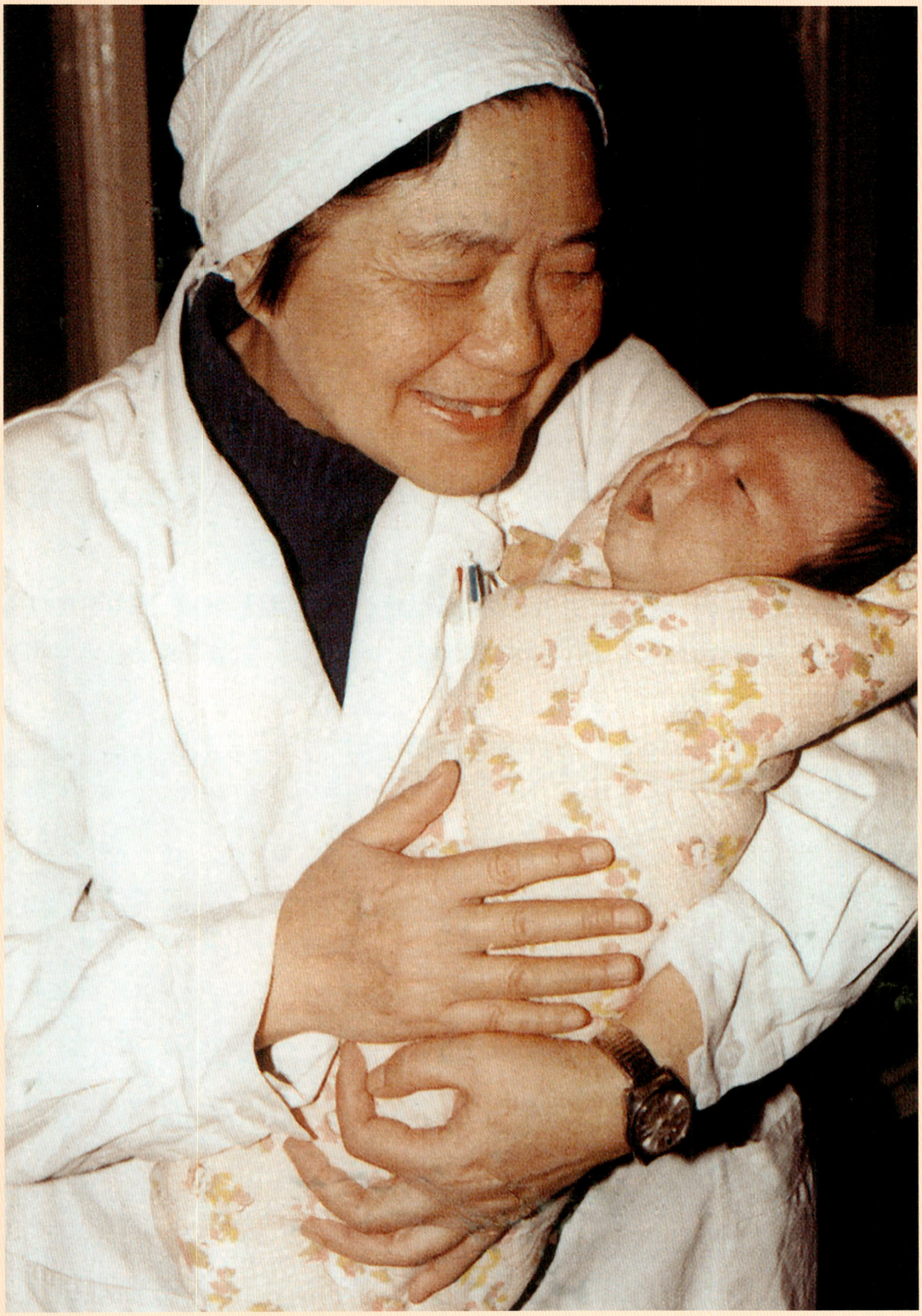

张丽珠怀抱着中国大陆首例试管婴儿。

新中国第一

# 第一次水下成功发射运载火箭

## 1988年9月
## 自行研制的核潜艇水下发射运载火箭成功

1988年9月，中国自行研制的核潜艇首次水下发射运载火箭获得成功。

运载火箭发射瞬间。

雷达在跟踪目标。

运载火箭准备装上核潜艇。

新中国第一

# 第一颗极轨气象卫星

## 1988年9月
## “风云一号”A星成功发射

1988年9月，中国第一颗极轨气象卫星“风云一号”A星发射成功，填补了中国应用气象卫星的空白，揭开了在防灾减灾、应对气候变化和国民经济建设中使用国产气象卫星的序幕。

“风云一号”气象卫星的备份星。

“风云一号”气象卫星图。

新中国第一

# 第一座高能加速器

## 1988年10月
## 北京正负电子对撞机对撞成功

1988年10月，中国第一座高能加速器——北京正负电子对撞机首次对撞成功。这是中国在前沿科技领域一项重大成就，为中国粒子物理和同步辐射应用开辟了广阔前景，揭开了中国高能物理研究新篇章。

北京正负电子对撞机。

北京正负电子对撞机。

北京正负电子对撞机沙盘模型。

北京谱仪
磁铁单元
速调管
电子直线加速器
正电子源
电子枪

新中国第一

# 第一条高速公路

## 1988年10月
## 沪嘉高速公路建成通车

1988年10月，沪嘉（上海—嘉定）高速公路建成通车，其中高速公路段长15.9公里，加上两端连接线全长20.5公里。这是新中国第一条高速公路。

沪嘉高速动工奠基石。

沪嘉高速公路。

新中国第一

# 第一条重载铁路

1988年12月

大秦铁路建成通车

繁忙的大秦铁路。

1988年12月，大秦铁路（大同—秦皇岛）建成通车，全长653公里。这是中国第一条重载铁路，是中国西煤东运、北煤南调的主要通道之一，是世界上年运量最大的重载铁路。

新中国第一

# 第一枚大推力运载火箭

## 1990年7月
## “长征二号”发射成功

1990年7月，中国自行研制的捆绑式大推力运载火箭“长征二号”首次发射成功。这是中国首次突破助推器捆绑技术，为中国运载火箭进入国际发射服务市场起到重要助推作用。

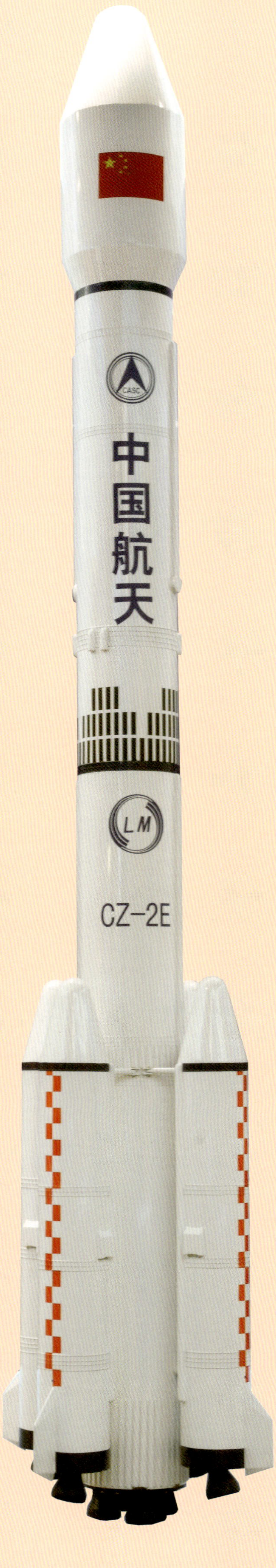


“长征二号”模型。

“长征二号”捆绑式火箭发射成功。

新中国第一

# 第一座30万千瓦核电站

1991年12月
秦山核电站并网发电

秦山核电站航拍图。

1991年12月，秦山核电站并网发电，这是中国第一座自行设计建造的30万千瓦核电站。

新中国第一

# 第一大水利枢纽工程

1992年4月
决定兴建长江三峡工程

1997年11月8日，三峡工程大江截流成功。

1992年4月，七届全国人大五次会议通过了《关于兴建长江三峡工程的决议》。三峡工程于1994年开工建设，2003年首批机组投产发电，目前工程已经全面建成发挥效益。三峡水库总库容393亿立方米，装机容量2250万千瓦，是迄今为止世界上规模最大的水利枢纽工程和综合效益最广泛的水电工程。三峡工程建成后，其巨大的防洪调节库容，有效地改变了长江中下游的防洪形势，保护了长江中下游人民生产、生活和生命财产安全。

2003年7月10日，三峡左岸首台机组并网发电。

三峡大坝开闸泄洪。

新中国第一

# 第一座百万千瓦级核电站

1994年2月
广东大亚湾核电站一号机组投入商业运行

大亚湾核电站。

1994年2月，广东大亚湾核电站一号机组投入商业运行，这是中国第一座百万千瓦级大型商用核电站。截至2018年底，大亚湾核电基地累计发电量7098亿千瓦时，其中对香港供电2488亿千瓦时。

新中国第一

# 一次建成最长铁路

## 1995年11月
## 京九铁路全线铺通

1995年11月，京九铁路（北京—香港九龙）全线铺通，全长约2500公里。1996年9月全线开通运营。这是中国一次建成最长的铁路。

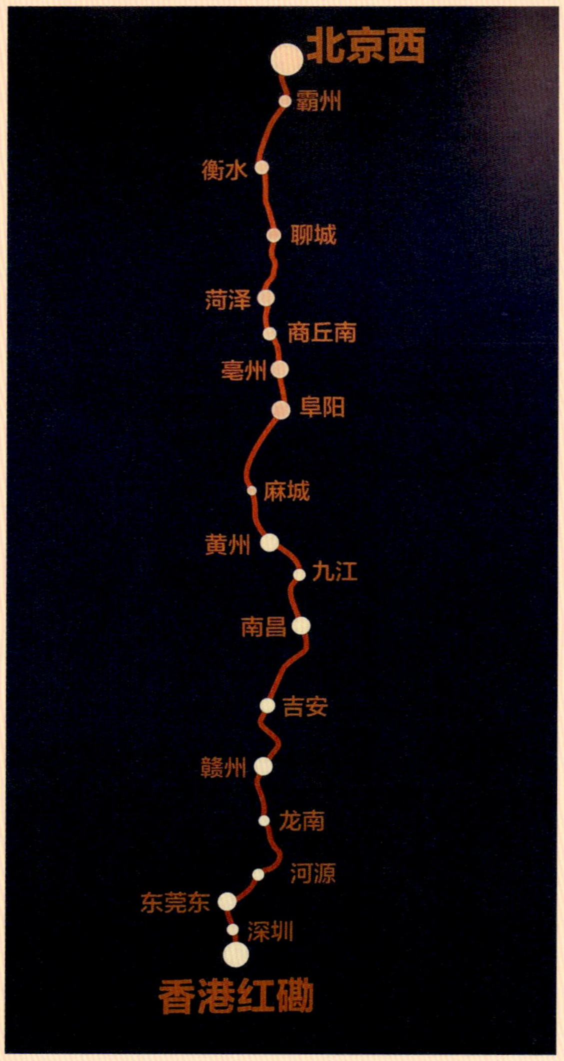


京九铁路上的主要车站。

1996年9月，北京开往深圳的105次列车第一次开进并冈山站。

人民欢

1

新中国第一

# 第一大规模铁路客运站

1996年1月

北京西站开通运营

北京西站外景。

1996年1月，北京西站开通运营。这是当时亚洲规模最大的现代化铁路客运站之一。

新中国第一

# 第一条国产化水泥生产示范线

## 1996年7月
## 日产4000吨水泥熟料生产线建成投产

中国第一条国产化水泥生产示范线。

1996年7月，中国自行设计的日产4000吨水泥熟料生产线在冀东水泥厂建成投产，这是中国第一条国产化水泥生产示范线。

新中国第一

# 第一次临床应用 基因重组人胰岛素

1998年
自行研制的基因重组人胰岛素
进入临床应用

1998年，中国自行研制的基因重组人胰岛素及其注射液通过卫生部鉴定，首次进入临床应用。中国成为继美国、丹麦之后第三个能生产和销售基因重组人胰岛素的国家。

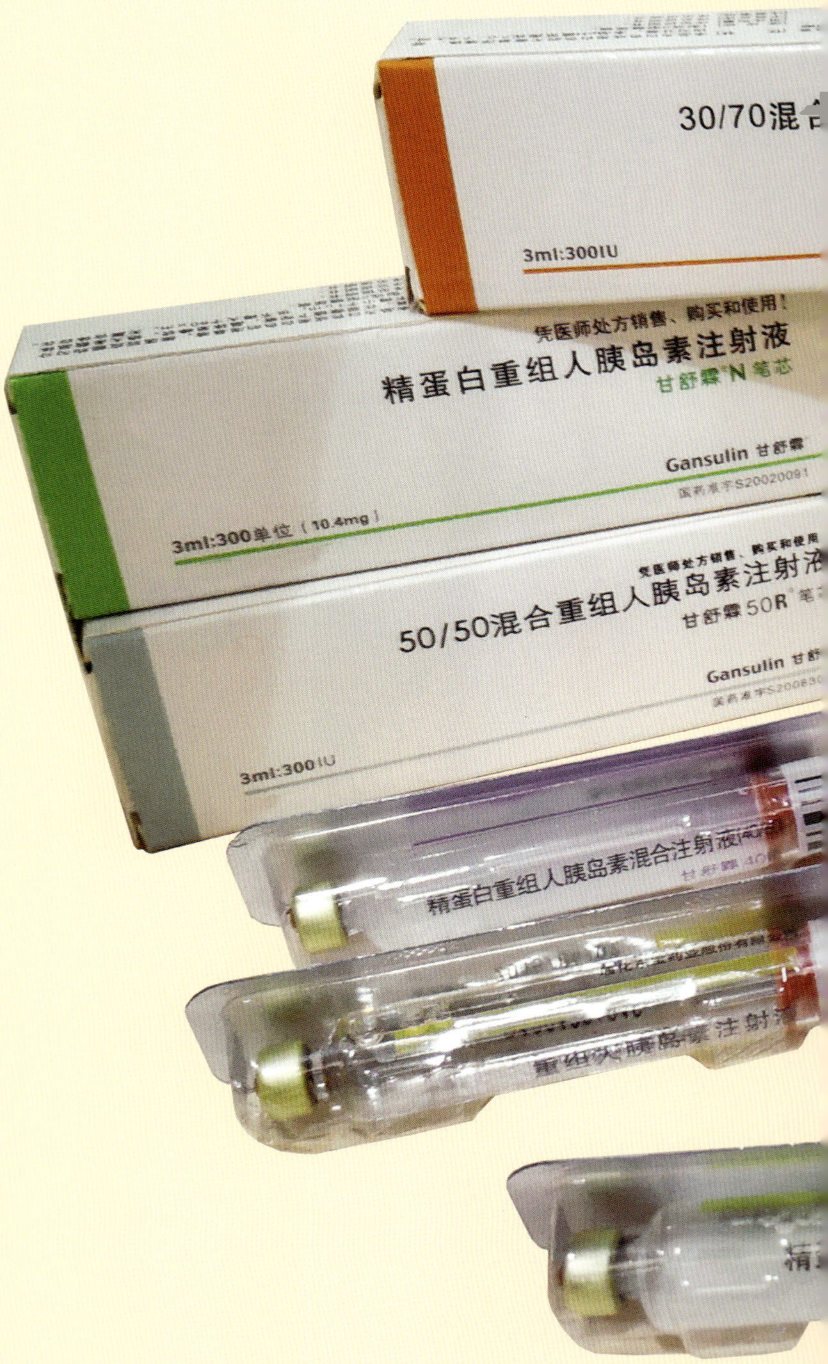


基因重组人胰岛素。

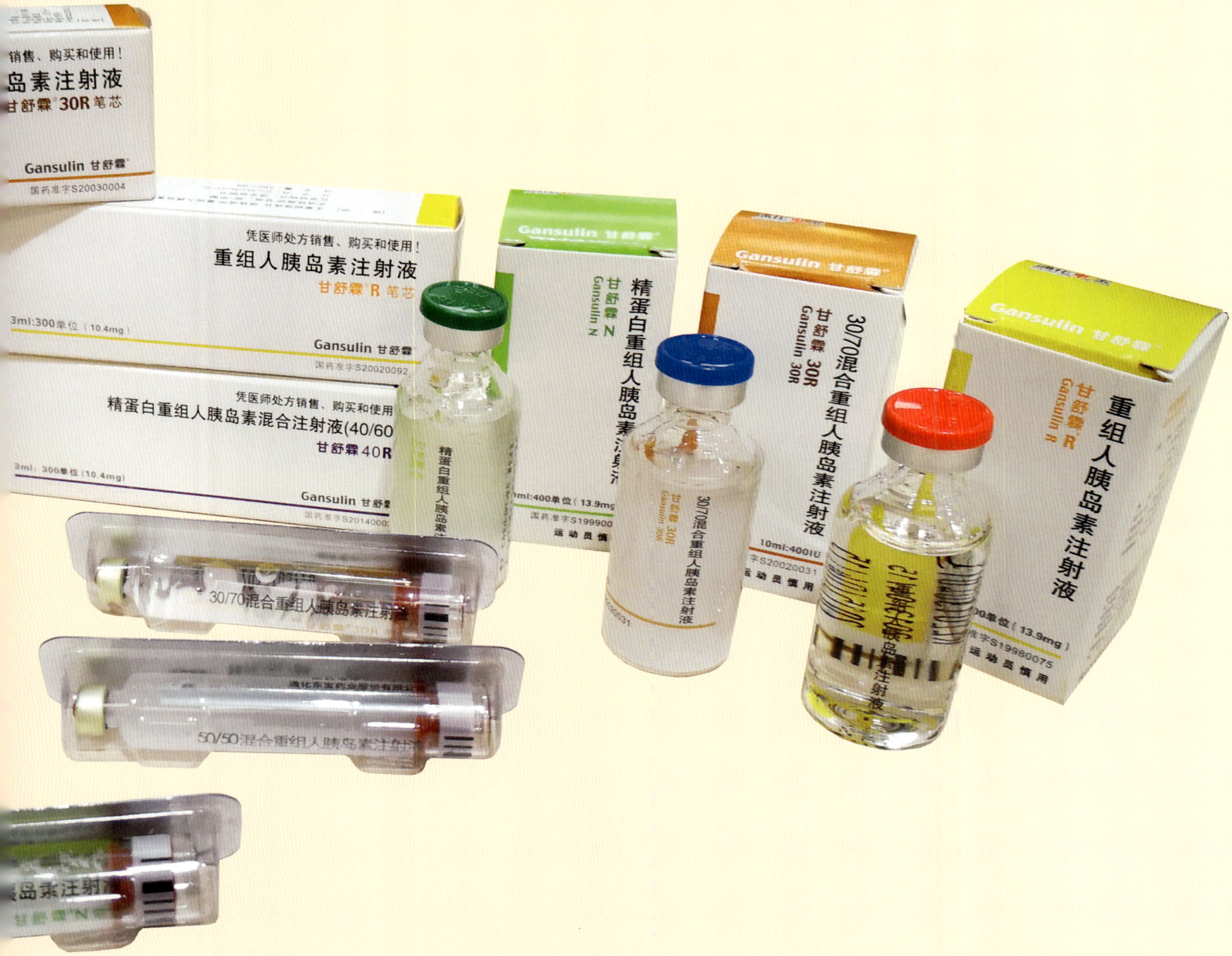
销售、购买和使用！
岛素注射液
甘舒霖®30R 笔芯
Gansulin 甘舒霖
国药准字S20030004
凭医师处方销售、购买和使用！
重组人胰岛素注射液
甘舒霖®R 笔芯
3ml:300单位（10.4mg）
Gansulin 甘舒霖
国药准字S20020092
凭医师处方销售、购买和使用
精蛋白重组人胰岛素混合注射液(40/60
甘舒霖 40R
3ml: 300单位（10.4mg）
Gansulin 甘舒霖
Gansulin 甘舒霖
甘舒霖 N
Gansulin N
Gansulin 甘舒霖
30/70混合重组人胰岛素注射液
甘舒霖 30R
Gansulin 30R
10ml:400IU
Gansulin 甘舒霖
重组人胰岛素注射液
甘舒霖 R
Gansulin R
运动员慎用

新中国第一

# 第一艘无人试验飞船

## 1999年11月
## “神舟一号”发射成功

1999年11月，第一艘无人试验飞船在酒泉发射成功，标志着中国载人航天技术取得重大突破。

“神舟一号”无人试验飞船返回舱。

整装待发的“神舟一号”飞船。

新中国第一

# 第一大跨区域输电工程

## 2000年11月
## 西电东送工程全面启动

2000年11月，中国西电东送工程全面启动。这是西部大开发的标志性工程，是促进东中西部地区协调发展的重要举措。截至目前，西电东送总规模达2.4亿千瓦。

龙泉换流站。

龙泉换流站航拍图。

新中国第一

# 第一次载人航天飞行

## 2003年10月
## “神舟五号”载人飞船成功升空
## 并安全返回

2003年10月，“神舟五号”载人飞船成功升空并安全返回，首次载人航天飞行获得圆满成功。中国成为世界上第三个独立掌握载人航天技术的国家。

“神舟五号”载人飞船首次载人飞行带上太空的国旗。

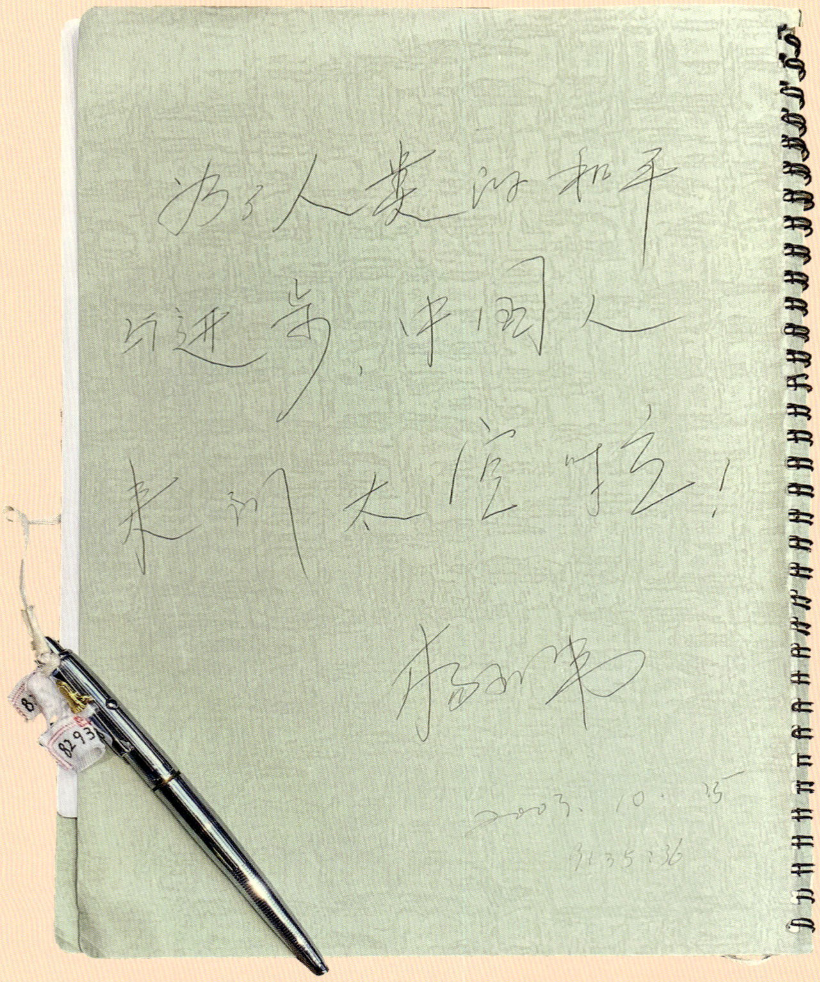


“神舟五号”载人飞船首次载人飞行太空日志。

“神舟五号”载人飞船发射升空。

新中国第一

# 第一个北极科学考察站

2004年7月

黄河站建立

黄河站建成仪式。

2004年7月，中国建立首个北极科学考察站——黄河站。

新中国第一

# 第一大输气工程

## 2004年12月
## 西气东输工程正式运营

2004年12月，中国距离最长、口径最大的输气管道——西气东输工程实现全线商业运营。西气东输工程西起新疆塔里木盆地的轮南气田，往东直通南京、上海，成为横贯中国的能源大动脉。

西气东输工程正在天山脚下铺设。

NO STANDING UNDER BOOM

新中国第一

# 第一次环球科考

## 2006年1月
## “大洋一号”完成环球大洋科考

2006年1月，“大洋一号”考察船首次完成环球大洋科学考察任务。这次考察横跨三大洋，历时297天、航行43230海里。

2005年4月，“大洋一号”在青岛起航。

大洋一号
DA YANG YI HAO

1 新中国第一

# 第一条磁悬浮列车运营线

2006年4月
上海磁悬浮列车示范运营线
正式投入商业运营

行进中的磁悬浮列车。

2006年4月，上海磁悬浮列车示范运营线正式投入商业运营。这是世界第一条投入商业运营的磁悬浮列车示范线，全长29.873公里，列车运行时速430公里，由中德两国合作开发。

新中国第一

# 第一条青藏高原铁路

## 2006年7月
## 青藏铁路全线建成通车

2006年7月，青藏铁路全线建成通车，这是世界上海拔最高、线路最长的高原铁路，是世界铁路建设史上最具挑战性的工程之一。青藏铁路的通车结束了西藏不通火车的历史。

青藏铁路新线起点模拟场景。

列车在青藏铁路上行驶。

新中国第一

# 第一个特高压输电工程

## 2006年12月
## 云南—广东800千伏特高压直流输电示范工程开工建设

2006年12月，世界上第一个特高压直流输电工程——云南—广东800千伏特高压直流输电示范工程开工建设，工程对提高中国电力工业设计水平和装备制造水平具有重大意义。随后中国建设了一批特高压输电通道，有效优化了能源资源开发利用格局。

特高压输电网架。

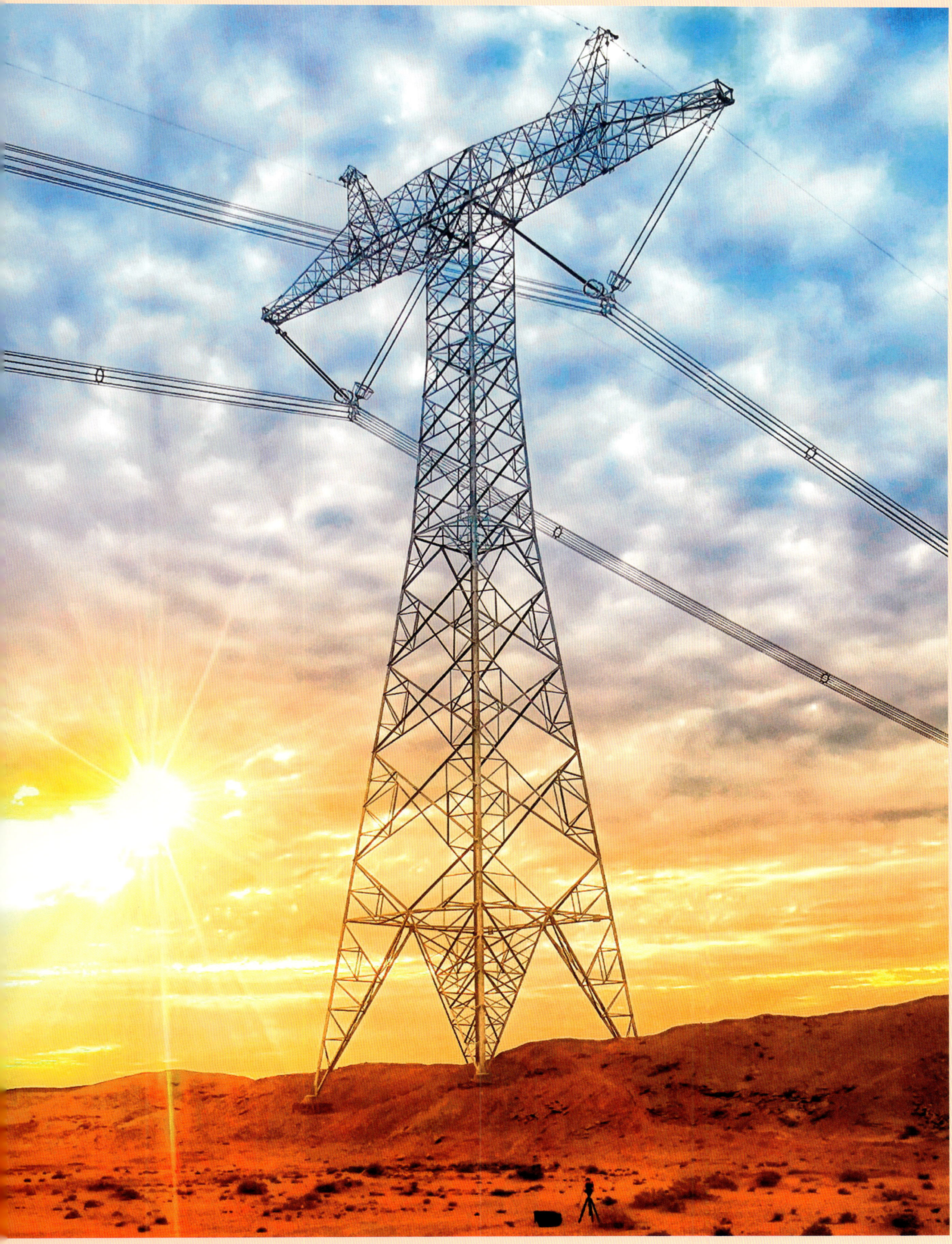

新中国第一

# 第一型自主研制的第三代战机

## 2006年12月　歼-10飞机列装部队

歼-10飞机。

2006年12月，中国自主研制的歼－10飞机批量装备航空兵部队。

新中国第一

# 第一颗绕月探测卫星

## 2007年10月
## “嫦娥一号”发射成功

2007年10月，中国首颗绕月探测卫星“嫦娥一号”发射成功并进入预定轨道，标志着中国深空探测成功迈出第一步，是继卫星发射、载人航天之后，中国航天发展史上第三个里程碑。

中国首次月球探测工程第一幅月面图像。

“嫦娥一号”模型。

2007年10月，“嫦娥一号”卫星成功发射。

1

新中国第一

# 第一个百万千瓦超超临界燃煤机组电厂

2007年11月　华能玉环电厂建成投产

华能玉环电厂全景。

2007年11月，中国第一个百万千瓦超超临界燃煤机组电厂——华能玉环电厂建成投产，标志着中国电力工程在设计、制造、建设等方面取得了长足进步。

新中国第一

# 第一条时速350公里的高速铁路

## 2008年8月　京津城际铁路通车运营

列车在京津城际铁路上奔驰。

2008年8月，京津城际铁路通车运营。这是中国第一条时速350公里的高速铁路。

新中国第一

# 第一次太空行走

## 2008年9月
## “神舟七号”航天员出舱活动

2008年9月，“神舟七号”载人飞船发射升空，航天员翟志刚出舱活动，实现了中国历史上首次太空行走。中国成为继美国、俄罗斯之后世界上第三个独立掌握空间出舱技术的国家。

航天员翟志刚出舱活动。

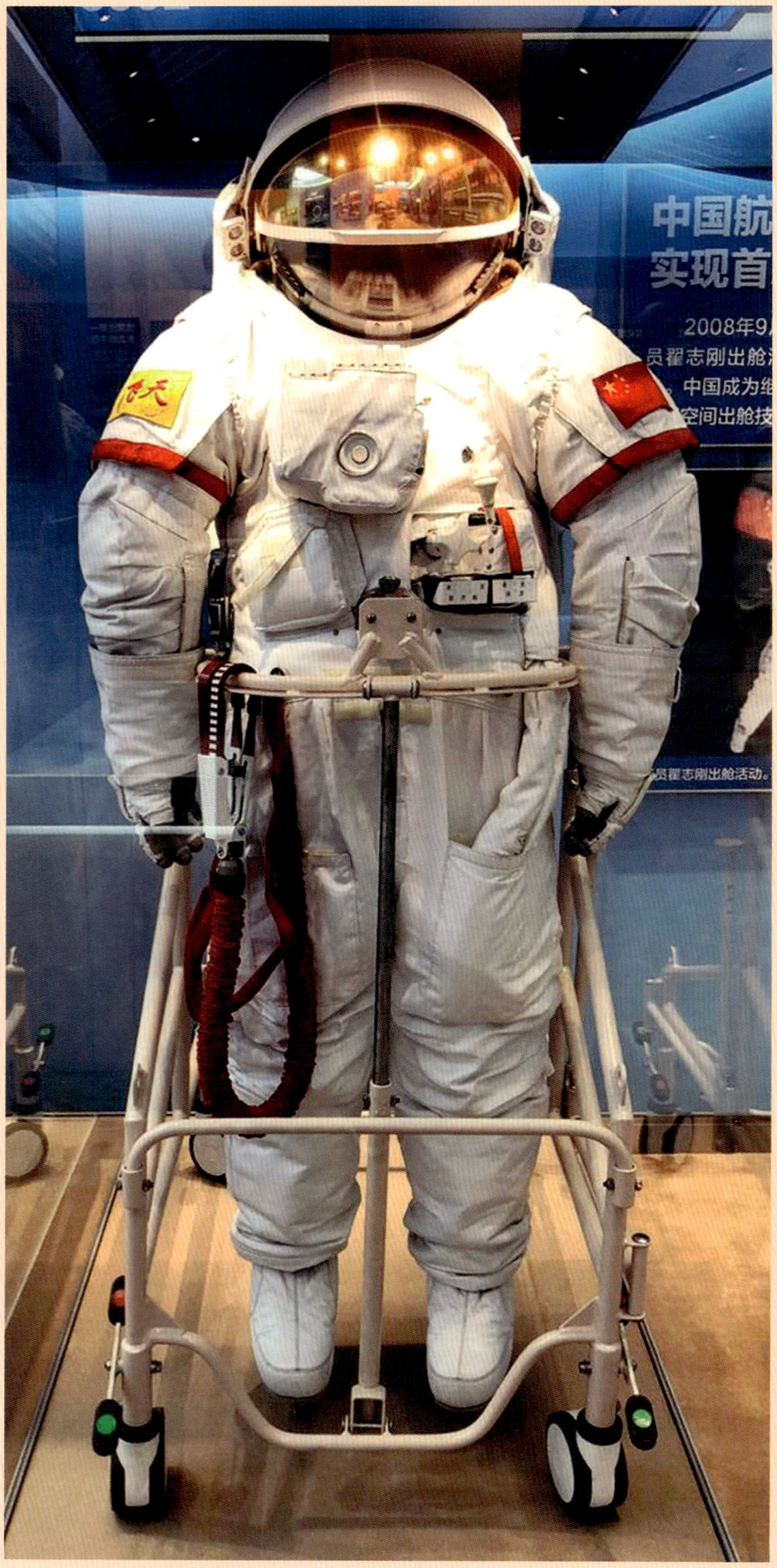

舱外航天服。

舱内航天服。

新中国第一

# 第一只诱导性多功能干细胞小鼠

## 2009年7月
## 利用诱导性多功能干细胞培育出小鼠

中国科学家利用诱导性多功能干细胞培育出小鼠，在世界上第一次证明了诱导性多功能干细胞的全能性。2009年7月，英国《自然》杂志和美国《干细胞》杂志分别在其网站对这项研究成果进行了报道。

诱导性多功能干细胞发育而成的健康小鼠“小小”。

新中国第一

# 第一款自主研制的大型预警机

2009年10月
空警-2000预警机首次亮相

空警－2000预警机。

2009年10月，中国自主研制的空警－2000预警机率领空中编队首次亮相国庆阅兵式。

空警–2000预警机模型。

# 第一大货物吞吐港

## 2009年
## 宁波舟山港成为全球货物吞吐量第一大港

2009年，宁波舟山港货物吞吐量首次跃居全球第一并保持至今，于2017年成为全球首个10亿吨大港。

宁波舟山港穿山港区集装箱码头航拍图。

宁波舟山港穿山港区集装箱码头。

G KONG
NO.13
ZPMC
上海振华重工
吊具下:65吨
吊钩下:75吨
宁波舟山港
NO.14
ZPMC
宁波舟山港
NO.16
宁波舟山港

新中国第一

# 第一座快中子反应堆

## 2010年7月
## 中国实验快堆首次成功临界

2010年7月，中国自主研发的第一座快中子反应堆——中国实验快堆（CEFR）首次成功临界。中国成为世界上少数几个掌握快堆技术的国家之一。

中国实验快堆模型。

中国实验快堆外景。

1

新中国第一

# 第一条长距离高标准高速铁路

## 2011年6月　京沪高速铁路全线通车

“复兴号”在京沪高铁上奔驰。

2011年6月，京沪高铁开通运营，全长1318公里。这是世界上一次建成里程最长、标准最高的高速铁路。2017年9月，“复兴号”在京沪高铁上实现时速350公里商业运营。截至2019年6月底，京沪高铁共运送旅客10.3亿人次。

新中国第一

# 第一座深水半潜式钻井平台

2012年5月
“海洋石油981”钻井平台开钻

“海洋石油981”钻井平台在南海开钻。

2012年5月，中国自主设计建造的首座具有世界先进水平的3000米深水半潜式钻井平台——“海洋石油981”钻井平台正式开钻，标志着中国已经掌握了深水半潜式钻井平台设计和建造的关键技术。

新中国第一

# 第一次载人飞船与空间站对接

## 2012年6月<br>“神舟九号”与“天宫一号”成功对接

2012年6月，“神舟九号”载人飞船与“天宫一号”目标飞行器成功交会对接。

航天员景海鹏、刘旺、刘洋在“天宫一号”实验舱内的画面。

空间站模型。

新中国第一

# 第一艘深海载人潜水器

## 2012年6月
## “蛟龙号”创造载人深潜纪录

2012年6月，中国第一艘深海载人潜水器“蛟龙号”在马里亚纳海沟成功下潜7062米，创造了世界同类作业型载人潜水器最大下潜深度纪录，标志着中国海底载人科学研究和资源勘探能力达到国际领先水平。

“蛟龙号”出海。

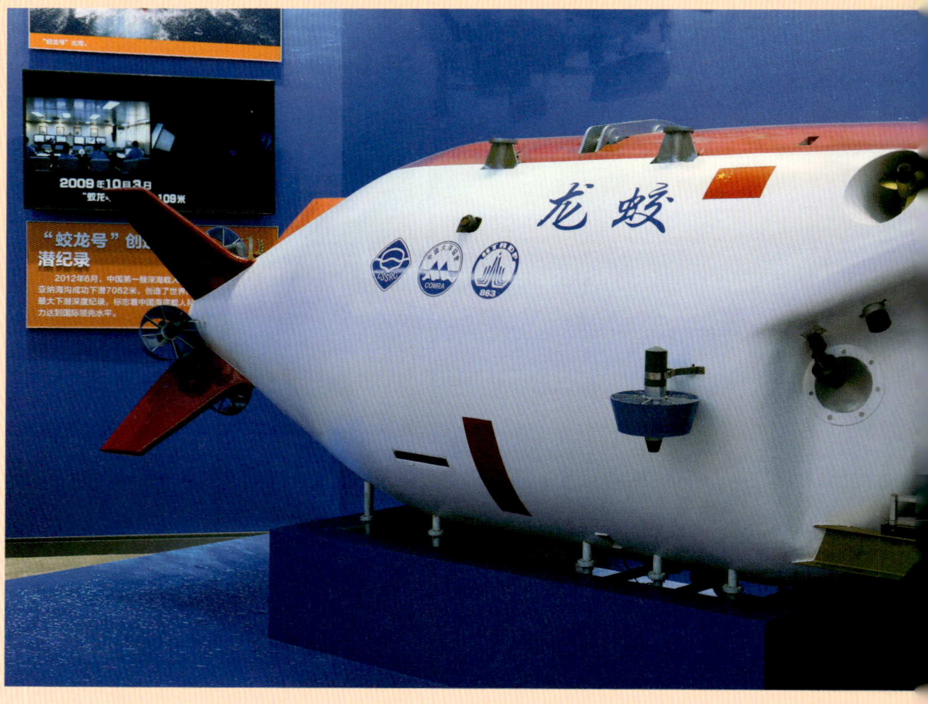

“蛟龙号”模型。

采集到的锰结核。

采集到的多金属硫化物。

新中国第一

# 第一艘航空母舰

2012年9月
“辽宁舰”正式交付海军

“辽宁舰”入列后首次试航。

2012年9月，中国第一艘航空母舰“辽宁舰”正式交付海军。

# 第一款自主研制的专用武装直升机

## 2012年11月　直-10直升机首次亮相

直-10直升机进行超低空突防。

2012年11月，中国自主研制的直-10直升机在第九届中国国际航空航天博览会首次正式亮相。

# 第一次发现中微子振荡新模式

## 2012年 大亚湾反应堆中微子实验项目组发现中微子振荡新模式

大亚湾反应堆中微子实验项目组于2012年发现中微子振荡新模式，美国《科学》杂志将该项成果评为2012年十大科学突破之一。

中微子探测器内景。

大亚湾反应堆中微子实验探测器系统。

新中国第一

# 第一款自主研制的大型运输机

2013年1月
“运-20”大型运输机首飞成功

航空工业西安飞机工业（集团）有限责任公司制造的“运-20”大型运输机在西安首飞成功。

2013年1月，中国自主研制的“运－20”大型运输机首飞取得成功。

新中国第一

# 第一次观测到量子反常霍尔效应

## 2013年3月
## 中国科学家实验观测到量子反常霍尔效应

2013年3月，中国科学家发表首次观测到量子反常霍尔效应的研究成果，这是基础研究领域的一项重要科学发现。

实验成功后参与项目的主要研究人员合影。

新中国第一

# 第一大规模4G网络

## 2013年12月
## 中国进入4G时代，用户规模超过12亿户

2013年12月，中国发放4G牌照，目前已经建成全球最大的4G网络，用户规模超12亿户。2019年6月，中国向中国电信、中国移动、中国联通、中国广电四家企业发放5G牌照。

少数民族群众使用4G网络。

新中国第一

# 第一次着陆月球

## 2013年12月
## “嫦娥三号”探测器着陆月球

2013年12月，“嫦娥三号”探测器着陆月球，中国成为世界上第三个在月球软着陆和巡视探测的国家。

着陆点附近的大石块，被科学家亲切地称为“龙岩”。

着陆器地形地貌相机拍摄的“玉兔”号月球车。

新中国第一

# 第一大矩形盾构机

2013年12月

世界最大矩形盾构机研制成功

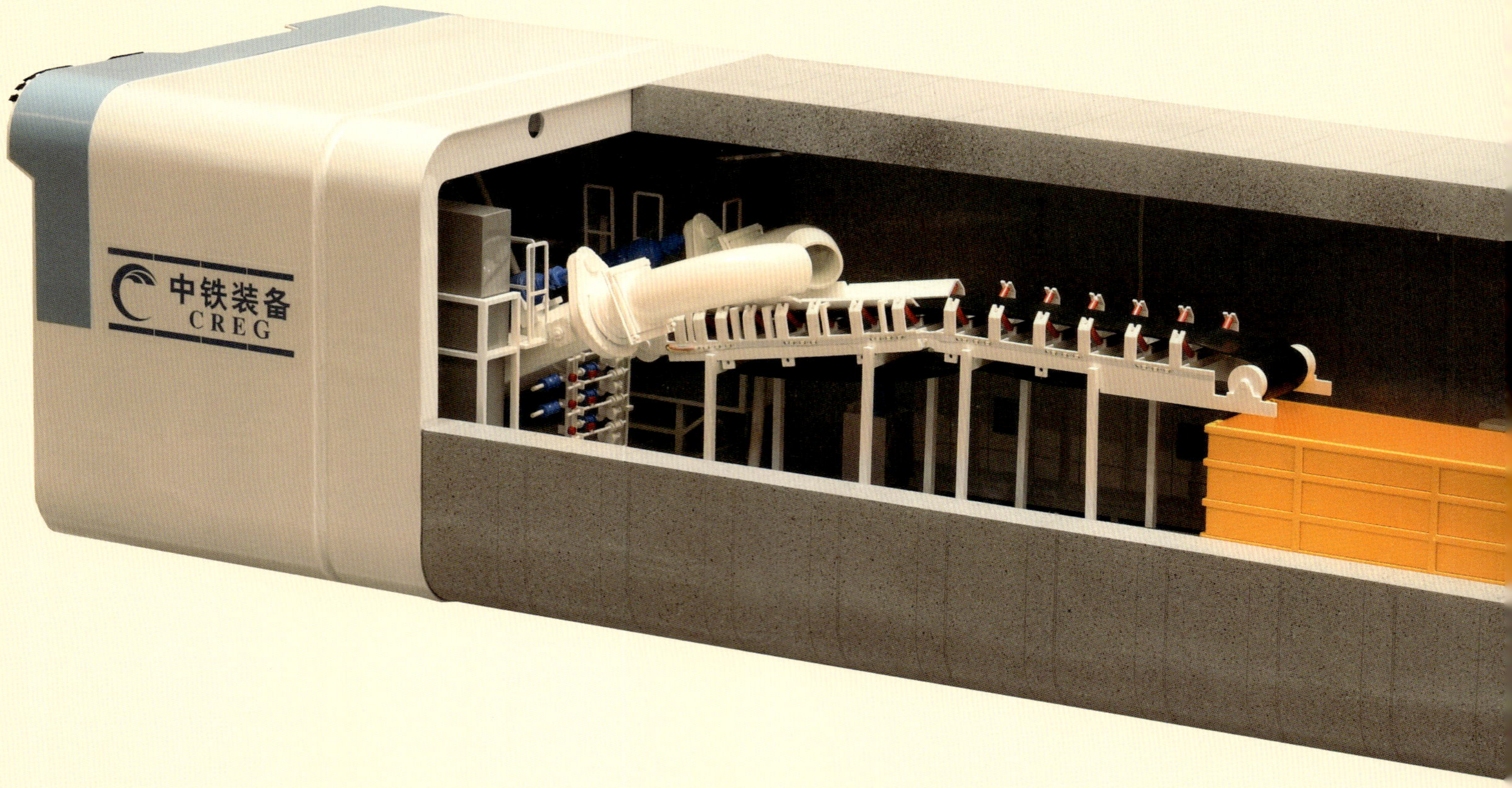


世界最大矩形盾构机模型。

2013年12月，中国自主研制的世界最大矩形盾构机下线，标志着中国在矩形盾构技术领域已经处于国际领先地位。

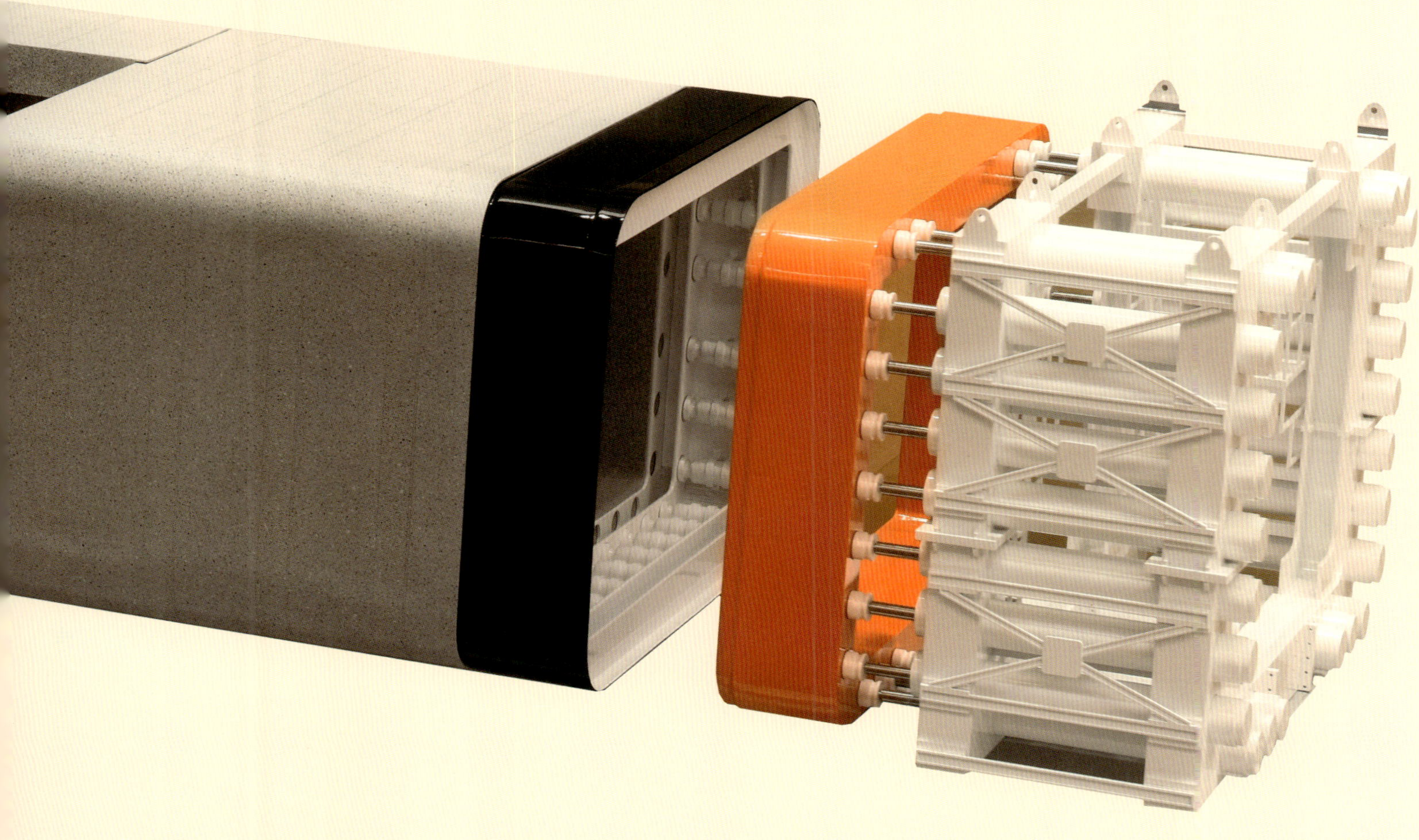

1
新中国第一

# 第一大引调水工程

## 2014年12月
## 南水北调东中线一期工程全面通水

南水北调中线渠首——陶岔水利枢纽工程。

南水北调工程是实现中国水资源优化配置、促进经济社会可持续发展、保障和改善民生的重大战略性基础设施，是中国规模最大的引调水工程，规划年调水总规模448亿立方米，工程分东线、中线和西线3条线路。2014年12月，东中线一期工程全面建成通水。截至2019年6月底，工程已经累计调水近270亿立方米，直接受益人口超过1亿。

新中国第一

# 第一堆自主三代核电技术

2015年5月

“华龙一号”全球首堆开工建设

“华龙一号”全球首堆示范工程在建设中。

2015年5月，“华龙一号”全球首堆示范工程福建福清5号机组开工建设。“华龙一号”的成熟性、安全性和经济性满足三代核电技术要求，核心技术具有自主知识产权，是目前可出口的自主三代核电机型。

新中国第一

# 第一个大型地下水封石洞油库

2015年5月

黄岛国家石油储备洞库建成投用

黄岛地下水封洞库模型。

2015年5月，山东省青岛市黄岛国家石油储备洞库建成投用，这是中国建成的第一个大型地下水封石洞油库。

新中国第一

# 第一次获得诺贝尔科学奖

## 2015年10月
## 屠呦呦获得诺贝尔生理学或医学奖

2015年10月，中国中医科学院研究员屠呦呦获得诺贝尔生理学或医学奖。这是中国科学家凭借在国内进行的科学研究首次获诺贝尔科学奖。

诺贝尔奖奖章。

诺贝尔奖证书。

屠呦呦领奖。

新中国第一

# 第一个预防手足口病疫苗和全球上市原创抗癌药

## 2015年12月
## 肠道病毒71型灭活疫苗获批生产上市，西达本胺获准上市

2015年12月，重大新药创制专项支持的肠道病毒71型灭活疫苗获得生产注册批准，该疫苗对有效防控由肠道病毒71型病毒引起的儿童手足口病具有重要意义。同月，治疗淋巴癌的西达本胺获准上市，这是中国首个授权美国等发达国家专利使用的原创新药。

肠道病毒71型灭活疫苗。

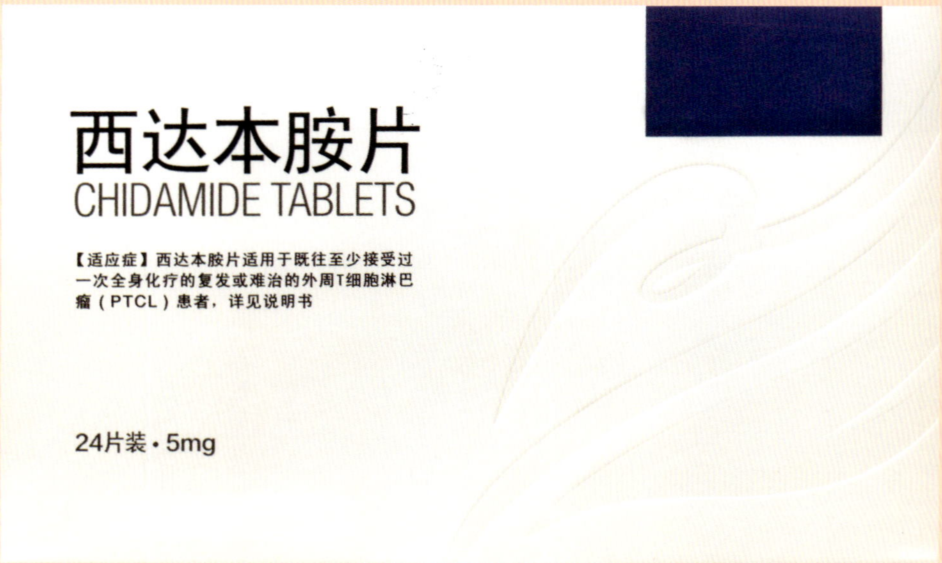


西达本胺片。

# 新药证书

原始编号：53130010

证书编号：国药证字S20150003

根据《中华人民共和国药品管理法》，经审查，下述药品符合新药的有关规定，特发此证。

药品名称：肠道病毒71型灭活疫苗（人二倍体细胞）

主要成份：灭活的肠道病毒71型病毒

持 有 者：中国医学科学院医学生物学研究所

国家食品药品监督管理总局

国家食品药品监督管理总局 药品注册专用章

2015 年 12 月 3 日

No. 1302279

手足口病疫苗新药证书。

新中国第一

# 第一颗暗物质粒子探测卫星

## 2015年12月
## “悟空”发射成功

2015年12月，中国自主研制的暗物质粒子探测卫星“悟空”成功发射。该卫星是目前世界上观测能段范围最宽、能量分辨率最优的暗物质粒子探测卫星。

“悟空”暗物质粒子探测卫星模型。

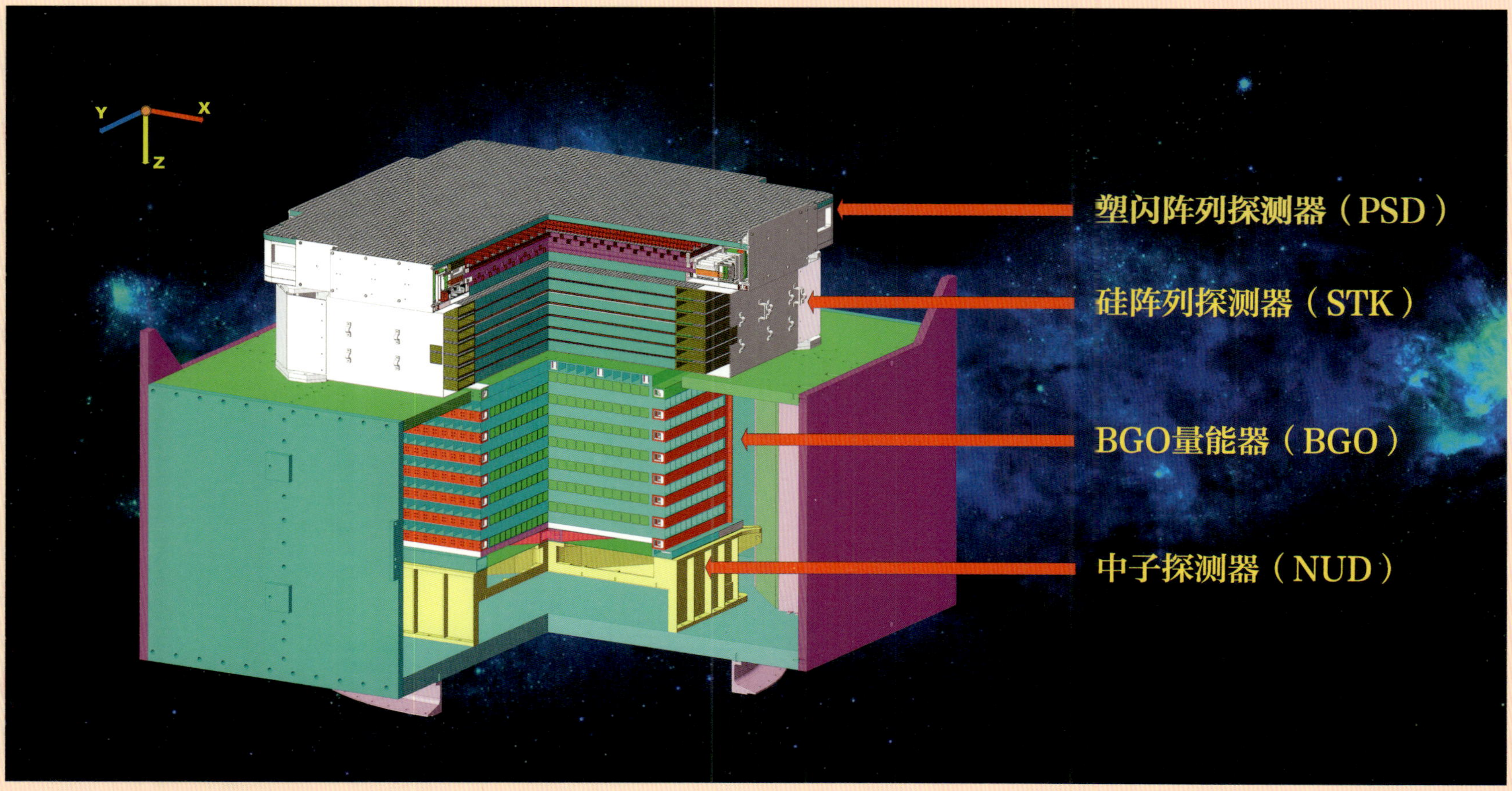


“悟空”暗物质粒子探测卫星内部结构示意图。

新中国第一

# 第一台全部采用国产处理器的超级计算机

## 2016年6月 “神威·太湖之光”夺得世界超算冠军

2016年6月，中国第一台全部采用国产处理器构建的“神威·太湖之光”夺得世界超算冠军，成为世界上运算速度最快的超级计算机，集成了40960块“申威26010”处理器，实现了所有核心部件的国产化。

“神威·太湖之光”超级计算机。

安装在国家超级计算无锡中心的“神威·太湖之光”超级计算机。

SHENWEI TAIHU LIGHT

新中国第一

# 第一次万米深潜科考

## 2016年6月
## “探索一号”开展综合性万米深潜科考

2016年6月至8月，“探索一号”科考船在马里亚纳海沟开展中国首次综合性万米深潜科考。“海斗”号无人潜水器创造了10767米深潜纪录，使中国成为继日本、美国后第三个拥有研制万米级无人潜水器能力的国家。

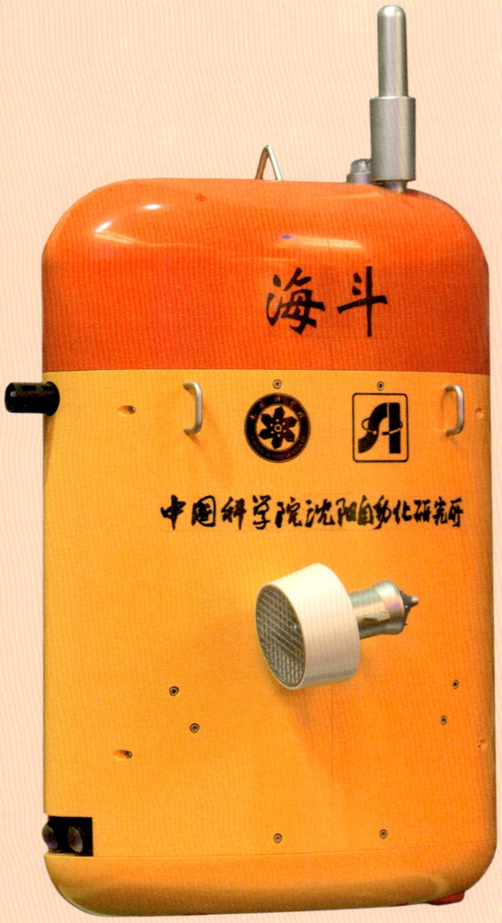


“海斗”自主遥控水下机器人（ARV）。

“探索一号”科考船。

探索一号
TAN SUO YI HAO
IMO 8315451

新中国第一

# 第一颗量子科学实验卫星

## 2016年8月
## “墨子号”发射成功

2016年8月，中国自主研制的量子科学实验卫星“墨子号”发射成功，在世界上首次实现卫星和地面之间的量子保密通信。

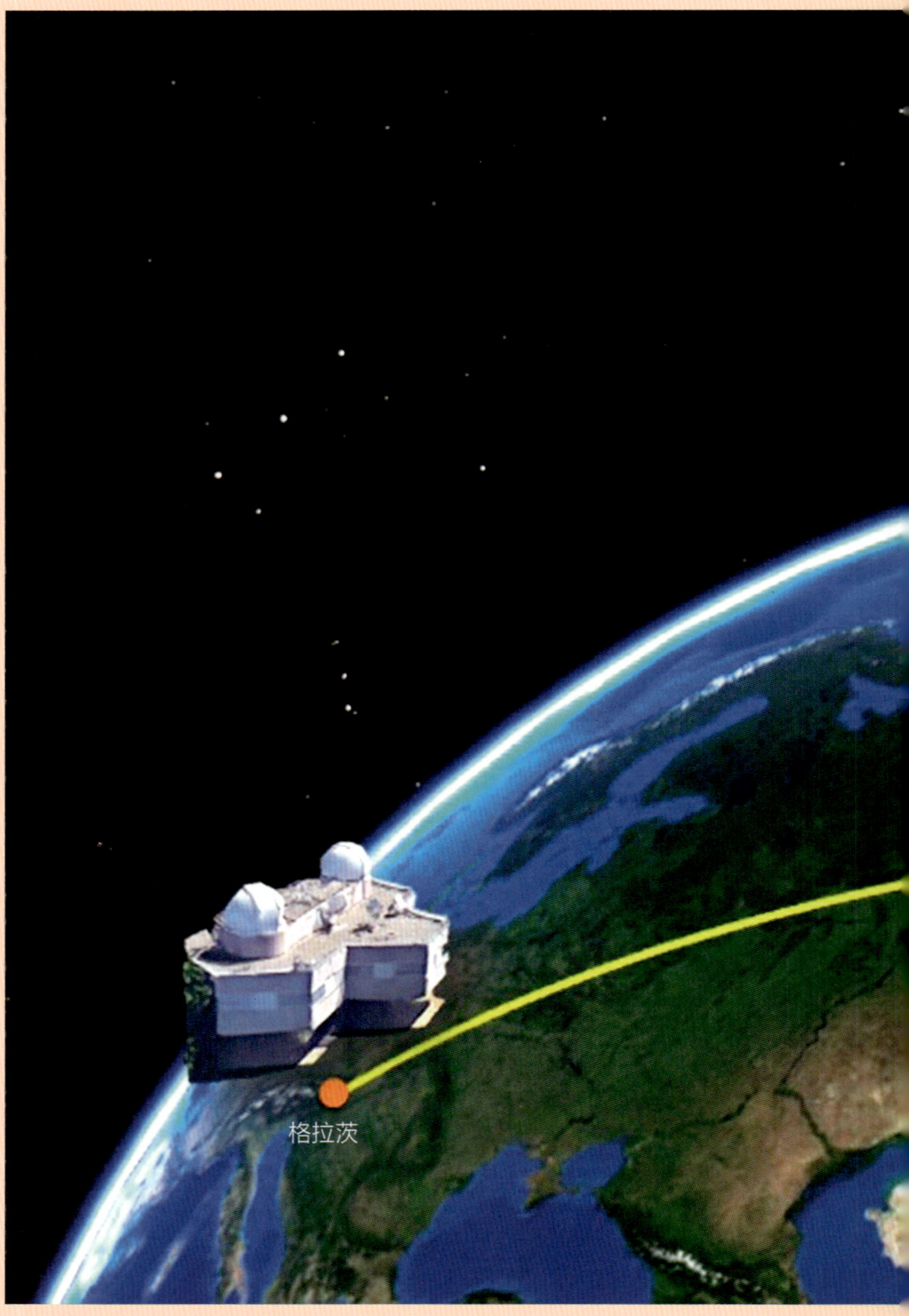


洲际量子保密通信示意图。

“墨子号”在新疆南山天文观测站过境。

首颗量子科学实验卫星“墨子号”模型。

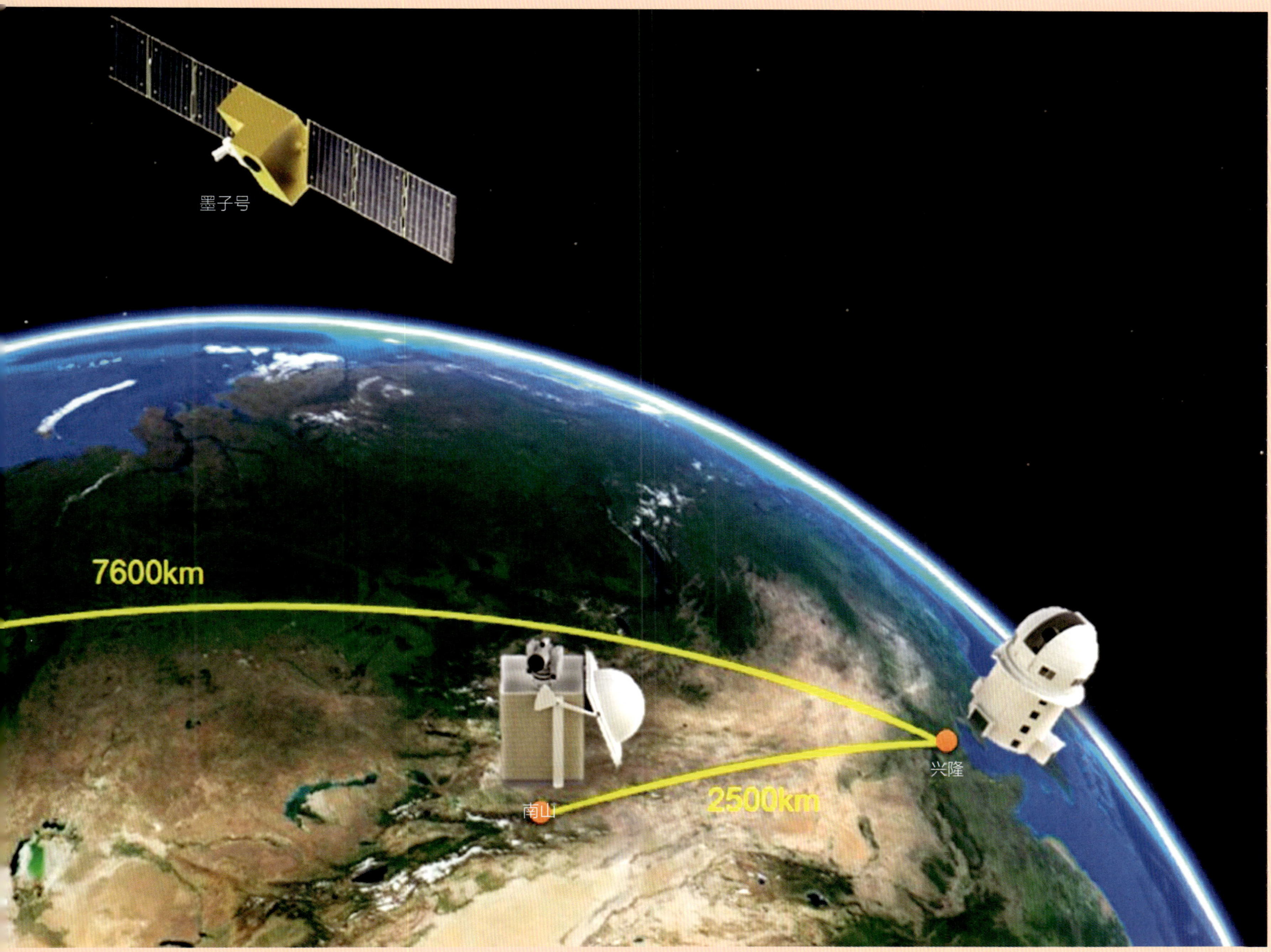
墨子号
7600km
兴隆
南山
2500km

新中国第一

# 第一大单口径射电望远镜

2016年9月
500米口径球面射电望远镜落成启用

“中国天眼”——500米口径球面射电望远镜。

2016年9月，500米口径球面射电望远镜（FAST）“中国天眼”在贵州省平塘县落成启用，这是中国具有自主知识产权的世界最大单口径巨型射电望远镜。

1
新中国第一

# 第一款第四代战机

2016年11月
歼-20飞机首次公开亮相

歼－20飞机。

2016年11月，歼-20飞机首次公开亮相参加珠海国际航展。

# 第一个大型页岩气田

2017年3月

涪陵页岩气田累计供气突破100亿立方米

井场相望。

截至2017年3月，重庆市涪陵页岩气田累计供气突破100亿立方米，标志着中国页岩气加速迈进大规模商业化发展阶段，实现了页岩气开发核心技术自主和关键装备国产化。

新中国第一

# 第一艘国产航空母舰

2017年4月

国产航母出坞下水

首艘国产航母出坞下水。

2017年4月，中国首艘国产航母出坞下水。

新中国第一

# 第一款自主研制的大型客机

## 2017年5月　C919首飞成功

C919大型客机。

大型客机C919是中国首次按照国际适航标准研制的150座级干线客机。2017年5月，大型客机C919首飞成功，标志着中国大型客机项目取得重大突破，成为中国民用航空工业发展的里程碑。

新中国第一

# 第一次海域天然气水合物试采成功

2017年5月
“蓝鲸1号”钻井平台试采海域天然气水合物成功

“蓝鲸1号”钻井平台上喷出的火焰。

2017年5月，“蓝鲸1号”钻井平台在南海神狐海域试采天然气水合物（可燃冰）成功，中国成为全球第一个实现稳定试采海域可燃冰的国家，连续稳产60天，累计产气约31万立方米，持续时间和产气总量创世界纪录。

1

新中国第一

# 第一艘新型万吨级驱逐舰

2017年6月

完全自主研制的新型万吨级驱逐舰出坞下水

新型万吨级驱逐舰首舰下水仪式现场。

2017年6月，中国完全自主研制的新型万吨级驱逐舰首舰出坞下水。

新中国第一

# 第一列具有完全自主知识产权动车组

2017年6月　“复兴号”动车组投入运营

“复兴号”奔驰在祖国广袤的大地上。

2017年6月，"复兴号"动车组投入运营，这是由中国自主研发、具有完全自主知识产权、达到世界先进水平的动车组列车。

新中国第一

# 第一条量子保密通信干线

## 2017年9月
## “京沪干线”正式开通

2017年9月，全长2000余公里的世界首条量子保密通信干线——“京沪干线”正式开通。“京沪干线”与“墨子号”相结合的天地链路，构建出中国天地一体化广域量子保密通信网络雏形。

科研人员在“京沪干线”总控中心工作。

总控中心

# 第一次量产 宽板超薄触控玻璃

## 2018年4月
## 0.12毫米宽板超薄触控玻璃量产

2018年4月，世界最薄的0.12毫米宽板超薄触控玻璃成功量产，满足了中国电子信息显示领域的需求，打破了国外对电子信息显示关键材料的长期垄断，刷新了玻璃行业的新纪录。

0.12毫米超薄触控玻璃。

超薄触控玻璃生产线。

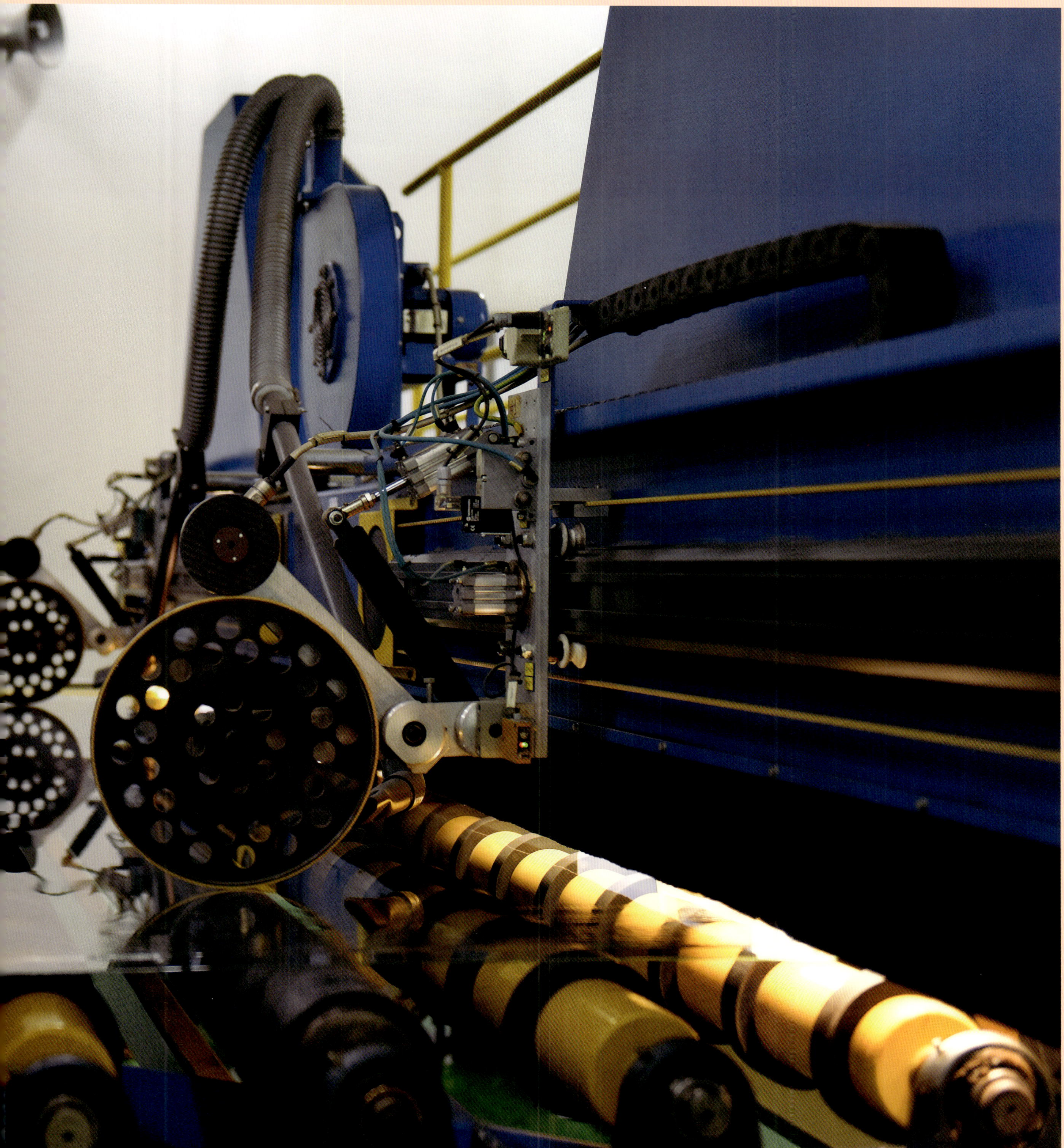

1 新中国第一

# 第一款自主研制大型水陆两栖飞机

2018年10月　“鲲龙”成功首飞

“鲲龙”AG600 水上首飞。

2018年10月，中国自行研制的大型水陆两栖飞机——“鲲龙”AG600成功首飞，这是大型运输机运－20交付列装、大型客机C919实现首飞后，中国在大飞机领域取得的又一重大突破。

新中国第一

# 第一长跨海大桥

2018年10月

港珠澳大桥正式开通

夕阳下的港珠澳大桥。

2018年10月，习近平总书记宣布港珠澳大桥正式开通。港珠澳大桥集桥、岛、隧于一体，桥隧全长55公里，桥面为双向六车道高速公路，设计速度100公里/小时，是目前世界上最长的跨海大桥，也是粤港澳三方首次合作共建共管的超级世纪工程。

# 第一个大规模自动化集装箱码头

2018年12月
洋山港四期工程通过竣工验收

上海洋山深水港四期自动化集装箱码头。

2018年12月，上海洋山深水港四期工程通过国家竣工验收，总用地面积223万平方米，靠泊能力15万吨级，共建成7个集装箱泊位，实现了码头装卸、水平运输、堆场装卸等环节的智能化、无人化。这是目前全球一次性建成规模最大的具有完整自主知识产权的自动化集装箱码头。

新中国第一

# 第一个自主建设、独立运行卫星导航系统

## 2018年12月
## 北斗卫星导航系统开始提供全球服务

2018年12月，北斗卫星导航系统开始提供全球服务。北斗卫星导航系统自20世纪90年代启动研制，先后实施北斗一号、北斗二号、北斗三号系统建设。该系统由中国自主建设、独立运行。

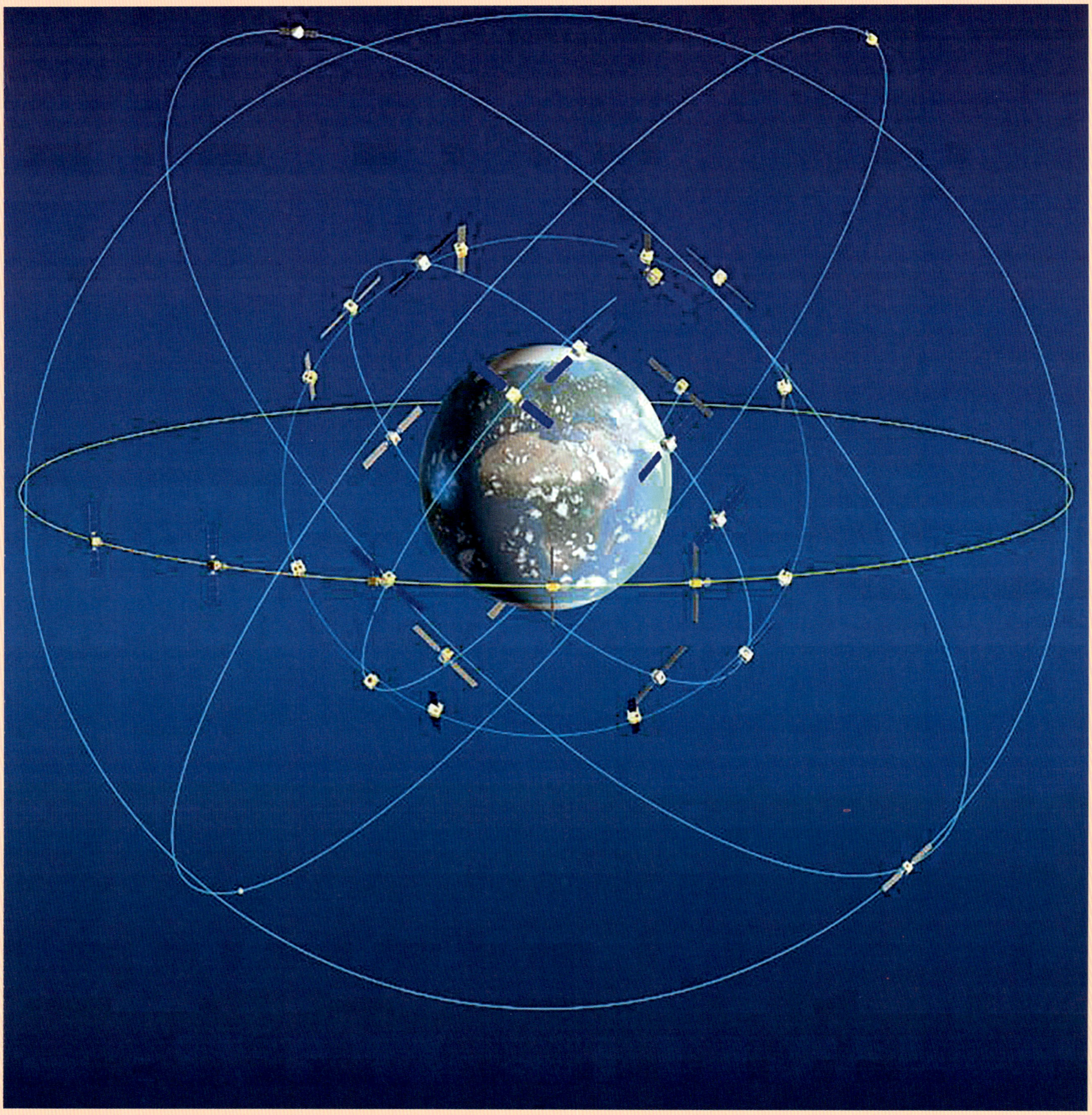

北斗卫星导航系统示意图。

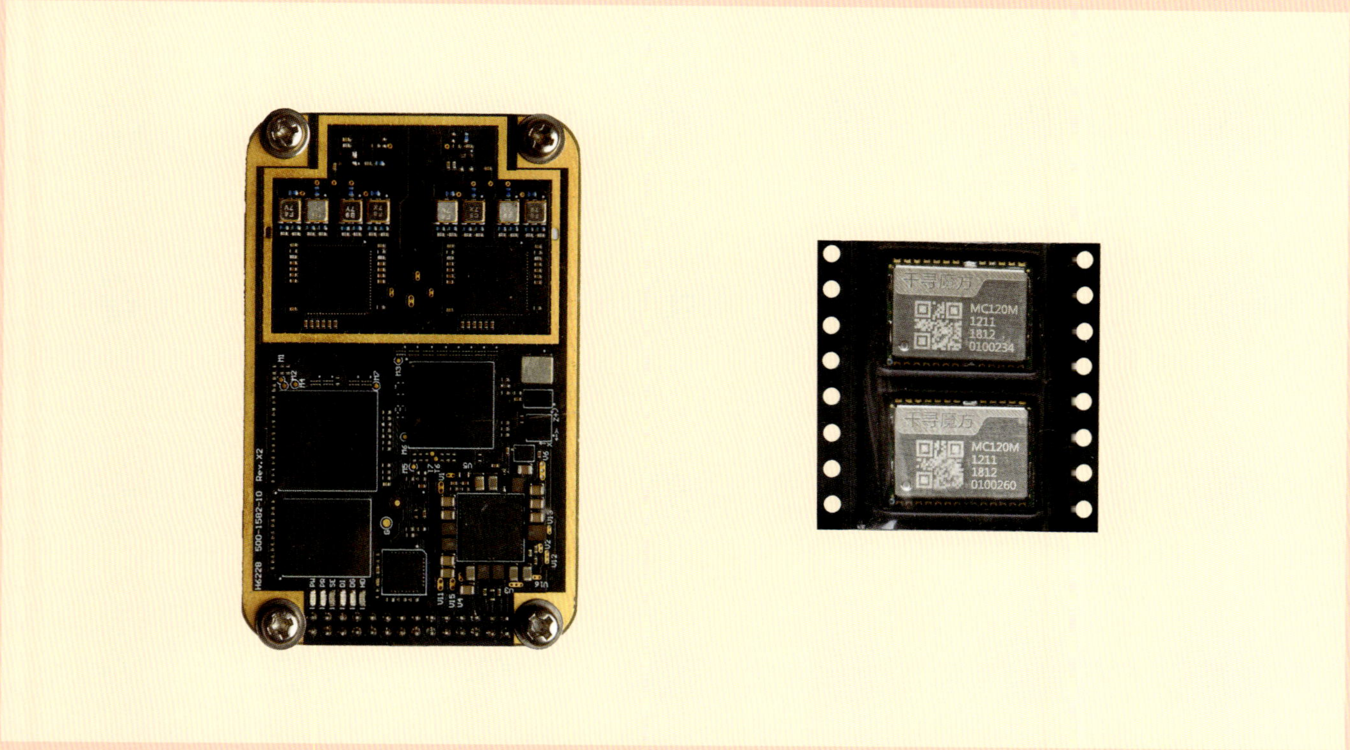


北斗芯片。

北斗终端。

新中国第一

# 第一颗低轨宽带通信技术验证卫星

2018年12月

低轨宽带通信技术验证卫星发射成功

虹云技术验证系统信关站。

2018年12月，首颗低轨宽带通信技术验证卫星发射成功，标志着中国低轨宽带通信卫星系统建设迈出了第一步。

新中国第一

# 第一台
# 万米大陆科学钻探机

## 2018年
## “地壳一号”成功应用

“地壳一号”是中国首台万米大陆科学钻探机，2018年正式在松辽盆地科学钻探二井工程成功应用。这是亚洲国家实施的最深的大陆科学钻井，标志着中国“向地球深部进军”取得重大突破。

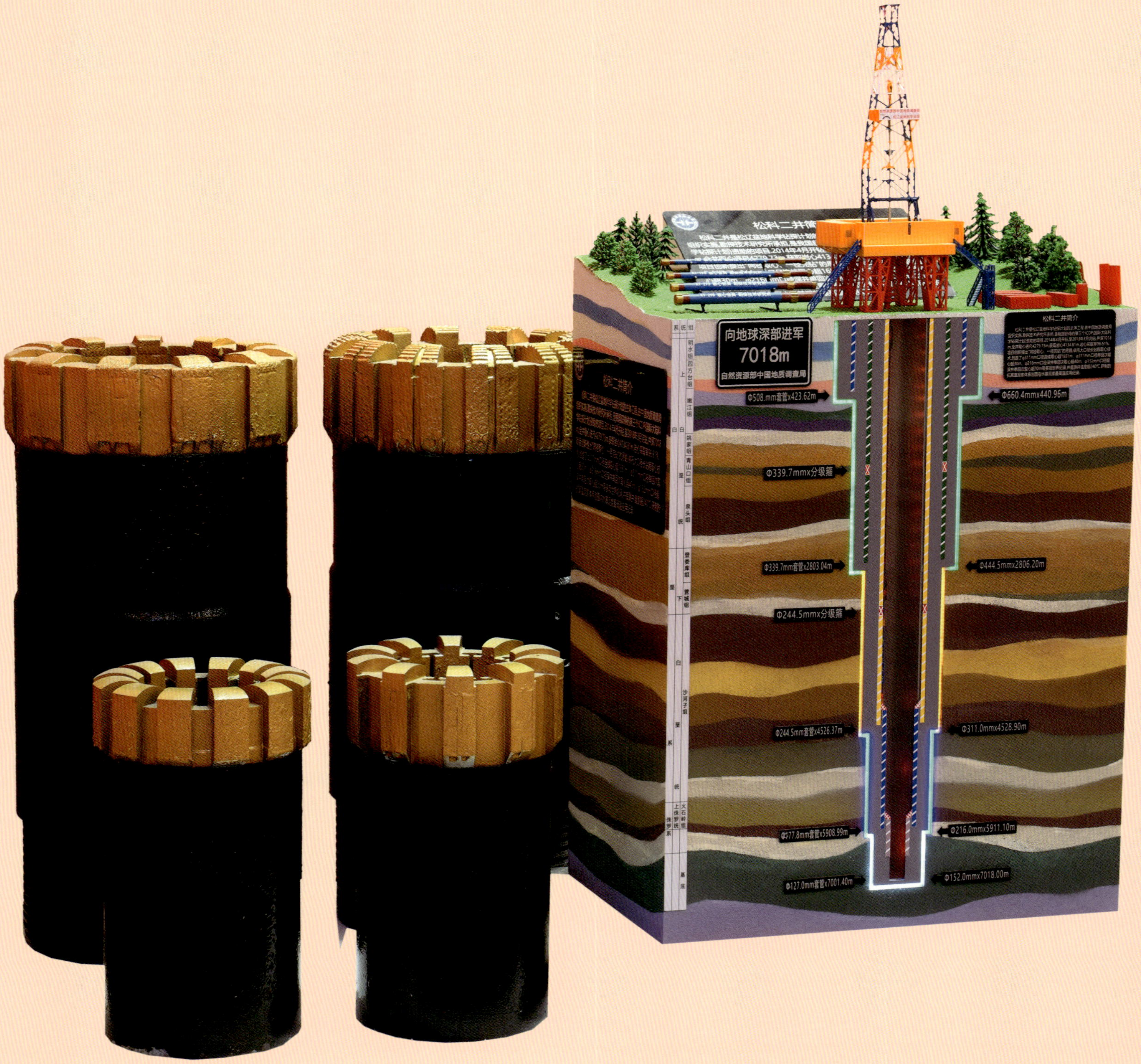


“地壳一号”模型。

夜幕下的“地壳一号”万米钻机。

1 新中国第一

# 第一次实现月背着陆和巡视探测

2019年1月
“嫦娥四号”在月球背面成功着陆

“玉兔二号”月球车拍摄的着陆器图像。

着陆器监视相机拍摄的全人类第一张月背图。

2019年1月，“嫦娥四号”着陆器在月球背面成功着陆，“玉兔二号”月球车与着陆器顺利分离，抵达月球表面进行探测。中国成为世界首个实现月背着陆和巡视探测的国家。

# 伟大历程　辉煌成就

# 新中国 150 个第一

庆祝中华人民共和国成立 70 周年
大型成就展领导小组办公室
编



ISBN 978-7-5182-1115-9

图书在版编目（CIP）数据

伟大历程　辉煌成就．新中国150个第一 / 庆祝中华人民共和国成立70周年大型成就展领导小组办公室编．-- 北京：中国计划出版社，2020.9
（庆祝中华人民共和国成立70周年大型成就展专题画册）
ISBN 978-7-5182-1115-9

Ⅰ．①伟…　Ⅱ．①庆…　Ⅲ．①社会主义建设成就－中国　Ⅳ．①D619

中国版本图书馆CIP数据核字(2019)第294641号

中国计划出版社出版
网址：www.jhpress.com
地址：北京市西城区木樨地北里甲 11 号国宏大厦 C 座 3 层
邮政编码：100038
电话：+86-10-63906433（营销发行部）
新华书店经销

责任编辑：赵超霖
责任校对：杨奇志
责任印制：赵文斌　李　晨
装帧设计：张志奇　麻莉敏
美术编辑：韩可斌
北京雅昌艺术印刷有限公司印刷

260mm × 370mm　1/8
38.5 印张　300 千字
2020 年 9 月第 1 版
2020 年 9 月第 1 次印刷
ISBN 978-7-5182-1115-9
定价：650.00 元